El juego de las A

El juego de las A

Nueve pasos para mejorar las calificaciones

por el Dr. Kenneth J. Sufka

S<small>EGUNDA</small> E<small>DICIÓN</small>

THE NAUTILUS PUBLISHING COMPANY
OXFORD, MISISIPI

Copyright © 2018, por el Dr. Kenneth J. Sufka

Todos los derechos reservados. Queda prohibida la reproducción o transmisión total o parcial de este libro, en cualquier forma, o por cualquier medio, ya sea electrónico o mecánico, lo que incluye el fotocopiado, la grabación o la transmisión de información a cualquier sistema de almacenamiento o recuperación, sin el permiso por escrito de The Nautilus Publishing Company.

Diseño de la portada: Matthew Desmond, www.madtype.com

Autorizaciones
Página 44: de Nickerson, R. S. y M. J. Adams (1979), «Long-term memory for a common object» (Memoria a largo plazo para un objetivo común), *Cognitive Psychology* (Psicología Cognitiva), vol. 11, pp. 287-307. Reimpreso con la autorización de Elsevier.
Página 52: de Novak, J. D. y A. J. Cañas (2008), *The Theory Underlying Concept Maps and How to Construct and Use Them* (La teoría subyacente a los mapas conceptuales y a cómo construirlos y utilizarlos), Reporte Técnico IHMC CmapTools 2006-01, revisado en enero de 2008, Instituto de Cognición Humana y de Máquinas de Florida. Utilizado con autorización.

Contacto para pedidos al por mayor y descuentos para estudiantes:
The Nautilus Publishing Company
426 South Lamar Blvd, Suite 16, Oxford, MS 38655
www.nautiluspublishing.com
662-513-0159 • info@nautiluspublishing.com

Sufka, Kenneth J. (1960)
The A Game: Nine Steps to Better Grades (El juego de las A: nueve pasos para mejorar las calificaciones), 2.ª ed. ISBN: 978-1-949455-01-4

El autor y el editor agradecen cualquier comentario. Para hacer sugerencias o críticas, visite
www.TheAGameBook.com

IMPRESO EN CANADÁ

Contents

Introducción	7
Regla Nº 1: Asiste a clases, siempre	9
Regla Nº 2: Nunca elijas los peores asientos	13
Regla Nº 3: Asiste a clases preparado	18
Regla Nº 4: Haz preguntas cuando estés perdido	24
Regla Nº 5: Espacia las sesiones de estudio	29
Regla Nº 6: Desarrolla objetivos de aprendizaje	37
Regla Nº 7: Aprende contenidos de todos los niveles	50
Regla Nº 8: Utiliza controles de aprendizaje	58
Regla Nº 9: Sé inteligente durante los exámenes	67
Epílogo: La diferencia entre no poder y no querer	76
Referencias	82
Agradecimientos	85
Acerca del autor	86

Introducción

Durante mis casi treinta años como profesor universitario, cientos de alumnos han acudido a mi oficina para hablar sobre su pésimo desempeño en clase.

Muchos de mis alumnos de primer año de la universidad insisten en que tuvieron un buen desempeño durante la preparatoria. Sin embargo, ellos mismos afirman que mi curso de Psicología General les resulta un desafío. Las técnicas de estudio que les funcionaban tan bien en la preparatoria parecen no dar buenos resultados en los cursos universitarios.

Durante mis conversaciones con estos alumnos, descubrí qué es lo que contribuye a un bajo desempeño en los exámenes: **un conjunto de pésimos hábitos y estrategias de estudio**. Algunos son simplemente ineficaces. Otros, de hecho, interfieren con los contenidos que han aprendido. En más de una ocasión, estos terribles hábitos derivan en puntajes por debajo del nivel de desempeño aleatorio en mis exámenes. Al publicar las calificaciones, incluso he agregado una nueva por debajo de la F: EF, para el «desaprobado épico». Uso las letras EF porque en inglés la frase es *Epic Fail*. Para una referencia, la escala de calificación americana A-F es la siguiente:

A = excelente 90%-100%
B = muy bueno 80-89%
C = promedio 70%-79%
D = casi desaprobado 65%-69%
F = desaprobado 0%-64%

Sin embargo, tengo buenas noticias. Durante todos esos años que pasé ayudando a los alumnos a deshacerse de estas tendencias, descubrí qué es lo que necesitan para convertirse en aprendices estratégicos y obtener calificaciones excelentes.

He sido testigo de historias de éxito en todas las clases, todos los semestres. Una alumna, Stephanie, desaprobó la primera prueba de Biopsicología. Acudió a mí para analizar cómo podría prepararse mejor para la próxima. Revisé mi lista de verificación de diagnóstico y le di mi lista de estrategias de aprendizaje, junto con algunos ejemplos de la vida real. En el segundo examen obtuvo una A. Si bien era una A-, era una A.

Estaba atónito. Le envié una nota para felicitarla y le pregunté cómo se había preparado para el examen. «Hice todo lo que usted sugirió», dijo.

Otro alumno, Marcus, desaprobó la primera prueba. Obtuvo una D en la segunda, una C en la tercera, una B en la cuarta y una A en la quinta. A Marcus solo le tomó un poco más que a Stephanie llevar su juego de las A al aula.

Incluso los buenos alumnos se pueden beneficiar. Una tercera alumna, Reagan, obtuvo una A en mi clase de Psicología General, pero comenzó mi clase de Biopsicología con una B- y una C- en los primeros dos exámenes. Luego visitó mi oficina y se dio cuenta de que no había utilizado **todos** los hábitos y estrategias de estudio incluidos en *El juego de las A*. Más adelante, obtuvo una A en la tercera prueba y los puntajes más altos en los últimos dos exámenes. La buena noticia es que estos tres puntajes en los exámenes derivaron en una calificación final A, ¡después de haber obtenido una C a principios del trimestre!

Cada una de las reglas incluidas en este libro está diseñada para ayudarte a ser un aprendiz más estratégico. El objetivo de estas reglas es **despojarte de hábitos y estrategias de aprendizaje inútiles y perjudiciales,** y reemplazarlos por aquellos que han demostrado dar buenos resultados y llevar tu juego de las A al aula (consulta Dunlosky y otros, 2013, para obtener un excelente análisis). **Estos hábitos y estrategias funcionan.** Si dominas algunos de ellos, obtendrás mejores calificaciones. Si dominas todos ellos, no solo obtendrás mejores calificaciones, sino que también disfrutarás de más tiempo libre. Así es: más tiempo libre y mejores calificaciones.

¿Estás listo para empezar tu juego de las A? Empecemos.

Dr. Kenneth J. Sufka

Regla Nº 1

Asiste a clases, siempre

Hace varios años, me llamó una alumna de primer año de Texas que asistía a mi clase de Psicología General. Inmediatamente, me di cuenta de que tenía algún tipo de problema. Dijo que le preocupaban sus calificaciones y que necesitaba hablar conmigo lo antes posible.

En ese momento del semestre, ya se habían realizado dos de los cinco exámenes, y se aproximaba el tercero. Consulté los registros del curso para ver qué tan grave era su problema. Busqué sus puntajes en mi lista. Estaba en problemas, es cierto. No tenía puntajes.

Había faltado a ambos exámenes.

Le pregunté qué sucedía y me confesó que no había asistido a ninguna de mis clases, desde el primer día.

«¿Por qué? —le pregunté—. ¿Tienes alguna enfermedad crónica? ¿Problemas familiares en el hogar?».

Dijo que se debía a que yo no tenía una política de asistencia. Esto es cierto: no otorgo puntos por asistencia ni los quito por inasistencia. «Entonces —le pregunté—, ¿cómo te está yendo con mi política de asistencia?».

Tímidamente, respondió: «No muy bien». Agregó que la madre estaba viajando desde Texas para ver cómo estaba... y estaba en grandes problemas.

No era una broma.

Hábito terrible nº 1: Faltar a clases... a menudo

Es fácil faltar a clases. Y las excusas son innumerables.
- No me siento bien.
- Estoy cansado.
- Tengo que hacer un proyecto para otra clase.

En la universidad, tus padres no están cerca para obligarte a asistir a clases. Por supuesto, algunos cursos cuentan con una política de asistencia, como los cursos de lenguas extranjeras y los laboratorios de ciencias. La mayoría de los cursos teóricos no la tienen. Por ello, algunos alumnos universitarios piensan que, en estos casos, la asistencia a clases es opcional. Oigo a los alumnos decir que le pedirán las notas a un compañero y se pondrán al día. Rara vez esto les da buenos resultados, lo cual es bastante fácil de demostrar. Simplemente, tomo el último examen de un alumno y, sin excepción, me doy cuenta de a qué clases faltó al identificar las secciones con respuestas incorrectas. Sí sucede algo importante cuando asistes a clases.

El cambio radical

Asiste a clases. Hay dos motivos importantes para hacerlo. **En primer lugar, es imposible reemplazar tus propias notas de clase**. Es posible que argumentes que eres un pésimo tomador de notas y que las de cualquier persona seguramente sean mejores que las tuyas. Sin embargo, puedo ayudarte a cambiar esto y lo explicaré en la regla nº 3. Cuando asistes a clases, traes tus propios conocimientos previos y estilo organizativo. Estos inciden considerablemente en las notas que tomas. Piensa en la última vez que faltaste a clases y pediste las notas de un compañero. ¿Tuviste dificultades para descifrarlas? Por supuesto que sí. Tus compañeros no son tú. Es imposible reemplazar tus propias notas de clase y, como verás más adelante, estas tienen una función fundamental cuando te preparas para los exámenes. He visto que las notas que los alumnos piden prestadas hacen que bajen de media a una letra completa en la calificación por cada clase a la que faltan.

En segundo lugar, cada período de clases es una sesión de aprendizaje. Cuando asistes a clases, no solo tomas notas. Si vienes preparado (consulta la regla nº 3), cada clase a la que asistes representa una valiosa experiencia de aprendizaje. Obtendrás lo siguiente:
- mejor comprensión del contenido;
- mejores notas de clase;
- mejores calificaciones.

Perder una semana de clases representa tres horas de aprendizaje que nunca recuperarás. Asiste a clases. Aprende mientras estás allí. Es un cambio radical.

¿Existen motivos legítimos por los que un alumno puede faltar a una clase? Seguro. Solo hay tres.

Tienes una enfermedad terriblemente contagiosa que acabaría con los alumnos, el cuerpo docente y el personal de la universidad. No hagas nada que pudiera perjudicar a otras personas.

> Perder una semana de clases representa tres horas de aprendizaje que nunca recuperarás.

Donaste un órgano vital, como un riñón, para salvar la vida de otra persona. Salvar la vida de otra persona a través de la donación de órganos es algo maravilloso, y yo, personalmente, volveré a dictar la clase que perdiste. Sin embargo, debes mostrarme la cicatriz de la cirugía para probarlo.

Estás tendida en la camilla de parto dando a luz a un niño. Chicos, más vale que estén acompañando a su pareja si esto está sucediendo.

Eso es todo. No hay ningún otro motivo para faltar a clases. Ninguno.

Asiste a clases. Esta es la regla más fácil de adoptar, y constituye un cambio radical a medida que comienzas a dominar el contenido del curso a fin de mejorar las calificaciones.

Regla Nº 2

Nunca elijas los peores asientos

Me gusta llegar temprano a clases. Primero preparo la presentación multimedia de diapositivas y luego me dirijo al fondo del anfiteatro para poder conocer a aquellos alumnos a quienes les gusta sentarse en el área más alejada. Bueno, para ser sincero, lo hago para bromear con ellos. Les digo: «Muchos miembros del cuerpo docente tienen la impresión de que los mejores alumnos se sientan en el frente. Me pregunto si alguno de ustedes probará que eso es un mito». La mayoría se inquieta y sonríe como si dijera «¡No cuente conmigo para eso!».

Además, me gusta mencionar que, a largo plazo, la universidad planea convertir esta parte del anfiteatro en un palco con televisores de pantalla plana en el respaldo de las sillas, de modo que puedan utilizar la cámara lenta y las repeticiones instantáneas para las partes más increíbles de mis clases.

«La idea también es instalar refrigeradores debajo de los asientos», les informo. El establecimiento les proveerá sus bebidas favoritas para que las disfruten mientras se desarrolla la clase. A los alumnos les encanta esta propuesta, y quizá las universidades con problemas financieros deberían analizar esta idea en los planes de renovación de las aulas.

Sin embargo, luego les informo que estos palcos les costarían un monto adicional en la matrícula, aunque valdría la pena. Por ahora, estos asientos tienen el mismo valor que los del frente, lo cual, curiosamente, es completamente diferente de lo que sucede en otros ámbitos, ya sea deportes, música, entre otros. Y al igual que en todas esas actividades, en un anfiteatro, todo lo que realmente importa sucede en el frente del aula.

Quizá, por ahora, deberíamos cobrar más en la matrícula por los asientos de la primera fila.

Hábito terrible nº 2: Sentarse en la última fila

Los alumnos se dirigen al fondo del anfiteatro por muchos motivos. Quizá, eres un poco tímido. Sentarte en el fondo tal vez te haga sentir anónimo. O es posible que pienses que el docente no te pedirá que participes. Nunca funciona de esta manera en mi clase. **El aprendizaje no es un deporte para espectadores**. Si piensas que solamente necesitas asistir a clases para dominar el contenido, estás equivocado.

Mientras estás sentando en el fondo de la clase, suceden muchas cosas, y ninguna de ellas está relacionada con el aprendizaje. Los alumnos charlan con los amigos. Leen las noticias en línea. Desayunan tarde o almuerzan. Algunos acceden a internet para mirar videos de YouTube, comprar en Amazon o revisar Facebook. En el fondo, algunos alumnos tienen «conquistas amorosas», mientras que otros, incluso, duermen la siesta. Estas siestas solían enojarme y, en algunas ocasiones, trataba de corregir el comportamiento. Si bien lanzar un borrador para despertar a un alumno siempre era algo divertido... hoy en día nadie usa pizarrones.

Sin embargo, me di cuenta de que todas estas situaciones simplemente perjudican al alumno. Y, en definitiva, cada alumno es responsable de su propio aprendizaje. En el preescolar, nos enseñan que la función del docente es enseñar, y la del alumno, aprender.

Hagamos nuestro trabajo.

El cambio radical

Siéntate en la primera fila. Y, de paso, no te sientes al lado de tus amigos. Todo lo bueno por lo que pagas sucede en el frente. Por cada fila que te alejas, sumas decenas de posibles distracciones entre tú como aprendiz y yo como docente. Podría ser alguien que habla sobre su cita de la noche anterior. Quizá, un compañero que ojea el diario. Tal vez, se trata de una computadora portátil frente a ti donde se ve el último video divertido publicado en YouTube. O el alumno sentado a tu lado puede estar enviándole mensajes a alguien acerca de sus planes para esta noche.

Créeme, estas distracciones no suceden en el frente del aula.

Varios estudios han demostrado que sentarse en el frente de un anfiteatro deriva en mejores calificaciones, mientras que sentarse en el fondo conduce a más calificaciones D y F. Una pareja en el cuerpo docente hizo el seguimiento de más de mil ochocientos alumnos inscritos en sus setenta clases durante un período de quince años y halló ese efecto (Marshall y Losonczy-Marshall, 2010). ¡Incluso, lo he comprobado yo mismo! Hace algunos años, durante un examen en una de mis clases para quinientos alumnos, analicé dónde se habían sentado durante las clases. Hallé que los alumnos sentados en el frente y en el centro, el lugar ideal, obtuvieron un puntaje promedio del 82%. Aquellos en el medio del anfiteatro obtuvieron un puntaje del 72%; y aquellos en las esquinas de atrás, del 65%. Increíble, eso muestra que tu calificación baja dos letras a medida que te diriges al fondo. Otro estudio demuestra que hacer que los alumnos dejen las filas de atrás y pasen adelante mejora estas pésimas calificaciones (Benedict y Hoag, 2004). Después de compartir estos datos con mis alumnos, ahora mis aulas se llenan desde el frente hasta el fondo, y no al revés.

Y, de paso, apaga el celular para evitar distraerte con mensajes de texto. Así es, incluso esto puede perjudicar tus calificaciones, tal como lo comprobó un estudio de la profesora Tara Lineweaver y su alumna Amanda Gingerich (2014). En el estudio de Lineweaver, los alumnos en un curso de Psicología de nivel superior se dividieron al azar entre grupos que enviaban mensajes de texto y grupos que no lo hacían. A los alumnos del primer grupo se les dieron los números de celular de sus compañeros en la misma condición y se les pidió que mantuvieran conversaciones a través de mensajes de texto durante una clase de treinta minutos mientras tomaban notas. A pesar de que sabían que tendrían un cuestionario más tarde, estos alumnos obtuvieron un puntaje promedio del 73%, mientras que aquellos sin el condicionamiento de los mensajes de texto alcanzaron el 83%. ¡Esa es una diferencia de una letra completa en la calificación!

Cada distracción te desconecta del contenido, y esto te perjudica. A tus notas de clase les faltan muchos detalles. Si esos detalles no aparecen en tus notas, entonces, no aparecerán en las sesiones de estudio.

Esto se traduce en menos aprendizaje y menos preguntas correctas en el examen. Si tu hilo de pensamiento se ve interrumpido durante solo un segundo, es posible que te tome un minuto o más volver a concentrarte en la clase. Esto implica menos contenido aprendido.

Te he pedido que sigas la regla n.º 1, ¿cierto? No le quites importancia a la asistencia a clases. Hazla valer al seguir la regla n.º 2.

Mantente alejado de los peores asientos. Elige aquellos en el frente y en el centro. Obtendrás mejores calificaciones. Es un cambio radical.

Regla Nº 3

Asiste
a clases
preparado

Me gusta charlar con mis alumnos para saber cómo se preparan para los exámenes. Pienso en nuestra conversación como un control de diagnóstico, que no es diferente del que le haces al automóvil cuando no funciona correctamente. Algunos indican que vuelven a redactar las notas de clase (una pésima idea, en mi opinión). Otros afirman que utilizan tarjetas didácticas (pero rara vez lo hacen correctamente). Todos hablan de largas sesiones de estudio la noche anterior al examen (consulta la regla nº 5).

Después de escuchar un poco, pregunto: «Entonces, ¿qué haces antes de venir a mis clases?». En el caso de los alumnos universitarios con dificultades, esta pregunta, a menudo, los saca un poco de quicio. Puedo intuir qué están pensando: desayuno, me cepillo los dientes, limpio el dormitorio... ¿a dónde quiere llegar el profesor Sufka con esto? De hecho, algunos realmente preguntan: «¿Se supone que debo hacer algo antes de la clase?».

En ese momento, interfiero y ayudo. Digo: «Vamos, solo es una clase, ¿no? Lo único que debes hacer es asistir y tomar notas, ¿no es así? Birome, papel, alguna bebida con cafeína, y ya estás listo para comenzar, ¿cierto? Estás equivocado. Muy equivocado.

Déjame preguntarte algo... ¿tienes dificultades para tomar notas y seguir las clases? ¿Te sientes abrumado por todos los nuevos términos y conceptos? ¿No estás en ritmo? ¿Sientes que las clases son como beber agua de una manguera contra incendios? ¿Sientes que apenas puedes seguir el ritmo con la toma de notas? ¿La verborragia del profesor elude por completo el cerebro y se dirige directamente a la mano para garabatear las notas?

Si es así, no estás preparado para la clase. Tomarás notas desorganizadas e incompletas. Y, definitivamente, perderás puntos cuando llegue el momento del examen.

Hábito terrible nº 3: Asistir a clases sin ninguna preparación

Siempre les pregunto a los alumnos si leen los textos asignados. La mayoría de ellos informan que lo hacen (es bastante sorprendente enterarme de que algunos no).

Sin embargo, esta pregunta es la que realmente importa: «¿En qué momento los lees?». La mayoría de las veces, los alumnos que tienen problemas con las calificaciones indican que leen el texto en algún momento *después* de la clase o, lo que es aún peor, algunos días antes de la prueba.

Es fácil postergar la lectura de los textos asignados hasta justo antes del examen. Ser un alumno universitario es un trabajo de tiempo completo. A este compromiso constante hay que sumarle la distracción de los eventos sociales, las actividades extracurriculares, quizá un trabajo de medio tiempo... y, de repente, las obligaciones del aula quedan relegadas. A menudo, lo primero que haces es la lectura obligatoria. Este es un hábito terrible. Te costará letras en las calificaciones.

El cambio radical

Asiste a clases preparado. Recomiendo tres estrategias para prepararse para las clases:

Lee el material asignado antes de la clase. Al comienzo de cada trimestre, el cuerpo docente publica o distribuye el programa del curso. Este contiene información importante sobre exámenes, asignaciones, escalas de calificaciones, requisitos de asistencia y otras políticas del curso. Además, incluye las lecturas asignadas. Contar con el texto y nunca abrirlo es algo muy malo. No leer el texto asignado hasta después de la clase es... bueno, también es muy malo. Terminarás con pésimas notas de clase. Y obtener pésimas notas de clase derivará en pésimas calificaciones.

Leer el texto asignado antes de la clase te familiariza con los términos, conceptos y ejemplos clave, y crea en tu mente algo parecido a un organizador de armario. Chicas, es posible que en su armario tengan un lugar para las blusas, las faldas, los vestidos largos y los zapatos. Chicos, bueno, es probable que ustedes tiren toda su ropa en una pila en el suelo. Sin embargo, imagínense que tienen un lugar para los jeans, las camisetas, las camisas de vestir, los sacos deportivos, los pantalones de vestir, etcétera. El punto es que un organizador de armario es un lugar para colgar objetos. El contenido de las clases necesita su propio organizador. Lee con anticipación a fin de crear uno para tu clase.

Al leer el texto asignado por primera vez, no busques memorizarlo. Por el contrario, lee para obtener una idea general del contenido de la clase del día.

A continuación, presento una excelente estrategia de lectura. En primer lugar, dirígete al final del capítulo, revisa los términos clave y los resúmenes, y luego regresa al comienzo. Ten en cuenta que tu objetivo

«Las buenas notas de clase son fundamentales para obtener calificaciones A».

es descubrir qué es lo que deberías aprender del texto antes de leer el capítulo. No resulta diferente que mirar los últimos cinco minutos de una película que gira en torno a «¿quién lo hizo?». Es increíble la cantidad de detalles que detectas una vez que conoces el objetivo. Mira La isla siniestra por segunda vez y te darás cuenta exactamente de a lo que me refiero. Leer antes de una clase crea una especie de hoja de ruta... u organizador de armario.

A los alumnos que lo hacen les resulta más fácil seguir mis clases, comprenden conceptos difíciles y terminan tomando notas completas y bien organizadas. Y las buenas notas de clase son fundamentales para obtener calificaciones A. Sin embargo, cuando haces este tipo de cosas, sucede algo más importante. Dejas de ser un simple tomador de notas durante las clases y te conviertes en un aprendiz y un verdadero tomador de notas.

Asiste a clases aguzado. Asiste a clases alerta en términos cognitivos. Debes descansar bien. Ingiere un poco de cafeína. Antes de asistir a las clases por la tarde, toma una breve siesta. En una ocasión leí un estudio que demostraba cómo los alumnos que tomaban una siesta de diez minutos antes de un examen obtenían mejores puntajes. Apuesto que una breve siesta antes de clase conduce a tomar mejores notas y aprender más en el aula.

Recuerda que debes llevar tu juego de las A al anfiteatro en todo momento. Por lo tanto, asiste a clases cuando te encuentres en las mejores condiciones.

Y, de paso, guarda tu computadora portátil en la mochila y saca una tableta de papel digital para tomar notas. Así es, incluso tomar notas en la computadora portátil puede perjudicar tus calificaciones, tal como lo demostró un estudio de los profesores Pam Mueller y Daniel Oppenheimer (2014). En estos experimentos, los alumnos se dividieron al azar entre grupos que tomaban notas con computadoras portátiles o a mano. Luego, miraron una charla TED y, al terminar, realizaron un cuestionario. En cada uno de los experimentos, aquellos que utilizaban computadoras fueron capaces de producir más palabras en general que el resto. Esto no debería sorprendernos, ya que muchos alumnos prefieren tomar notas con computadoras portátiles debido a que les resulta más fácil transcribir el contenido de las clases. El problema surge en el desempeño en el cuestionario. Los alumnos que tomaban notas a mano obtuvieron puntajes estándar significativamente mejores: de 0,3 a 0,4 puntos más en las preguntas de nivel conceptual (analizaré esto con más detalle en el capítulo 7). Como suelo decirles a mis alumnos, transcribir literalmente una clase elude todos los procesos en el cerebro que son necesarios para aprender y ejercitar la memoria. Reformular el contenido de las clases con tus propias palabras envía esa información a través de las redes del cerebro para lograr la comprensión y, de esta manera, mejorar el dominio del contenido y las calificaciones. Los hallazgos en los estudios como los de Mueller y Oppenheimer sugieren que simplemente debería prohibir las computadoras portátiles en el aula, ¡por tu propio bien!

Graba las clases. Si tomas notas con lentitud, pide permiso para grabar las clases. Según mi experiencia, la mayoría de los miembros del cuerpo docente aceptan dispositivos de grabación en el aula.

Si las grabas, puedes volver a reproducir las clases a fin de llenar las partes incompletas. Los alumnos me confiesan que vuelven a escuchar mis clases mientras conducen a su hogar para visitar a los padres durante el fin de semana. Se trata de otra oportunidad de aprendizaje: otro cambio radical.

Pienso en el dominio del contenido del curso como una cascada de elementos estratégicos que se deben presentar en el orden correcto. Una buena preparación para las clases lleva a tomar notas mejor organizadas y más completas. Durante la preparación para los exámenes, contar con mejores notas deriva en un mejor aprendizaje y una mejor retención. Y una mejor retención se traduce en mejores calificaciones en los exámenes. Además, asistir a clases preparado transformará la experiencia en clase y pasarás de simplemente tomar notas, como si fueras un taquígrafo, a disfrutar de una experiencia de aprendizaje real mientras lo haces. Si aprendes mientras estás en el aula, te resultará más fácil dominar el contenido del curso.

Regla Nº 4

Haz preguntas cuando estés perdido

Mi colega, el profesor Kelly Wilson, tiene una oficina justo enfrente de la mía en el Departamento de Psicología. Cabello a la altura de los hombros, anteojos modernos y mocasines Prada, el profesor Wilson practica yoga seis veces por semana. En el aula, y en la oficina, su enseñanza es una experiencia aplanadora, sin restricciones ni tapujos. También debería mencionar que es un docente galardonado y líder en inspiradores talleres de psicoterapia, además de un hombre sumamente divertido.

Hace algunos años lo oí hablar con una alumna. El profesor Wilson parecía frustrado con ella, pero no me podía imaginar qué fue lo que lo llevó a hacer la siguiente pregunta: «¿Quieres sentirte estúpida? ¿O quieres ser estúpida?».

Esto me pareció un poco agresivo. Por eso, cuando la alumna se fue, me dirigí a su oficina.

«¿Qué fue todo eso?», pregunté.

Parece que esta joven se perdía en clase, pero no estaba dispuesta a levantar la mano para pedir aclaraciones.

«Tenía miedo de parecer una tonta ante sus compañeros», dijo el profesor Wilson.

Por eso, se sentaba en el aula, completamente perdida respecto del contenido del curso, y se desconcentraba durante el resto de la clase.

Las preguntas del profesor Wilson tienen mucha lógica. Puedes elegir parecer estúpido ante tus compañeros a fin de evitar serlo. O bien, puedes elegir seguir siendo estúpido y evitar la vergüenza de parecerlo. La opción inteligente (no estúpida) es bastante clara para mí: levanta la mano cuando tengas una pregunta.

Hábito terrible nº 4: Buscar el anonimato

Hay diferentes maneras de buscar el anonimato en el aula:
- Evitar situaciones vergonzosas.
- Sentarse en el fondo del aula (viola la regla nº 2).
- Permanecer callado cuando estés totalmente perdido.
- Salir del aula desorientado y confundido.
- Nunca acudir al profesor con preguntas. A quienes practican estos terribles hábitos los llamo «alumnos invisibles».

Nunca los oigo. Y, en algunas ocasiones, no los veo (recuerda la regla nº 1) hasta que llega el momento del examen. Juro que he administrado exámenes en clases numerosas y he notado rostros «nuevos». Aún peor es el *alumno invisible* que asiste a la mayoría de las clases, desaprueba todos los exámenes, y luego viene a verme unos días antes del examen final para preguntarme si sé qué puede hacer para aprobar. En ese preciso momento quiero entregar un rosario de cuentas, recomendar que rece varias decenas de avemarías y algunos padrenuestros y, además, sugerir que rece para pedir la intervención divina.

A esa altura, me resulta imposible ayudarlo a aprobar. Simplemente, es demasiado tarde.

El cambio radical

El cambio radical es fácil. **Levanta la mano cuando tengas una pregunta**. Si tienes dudas acerca de un concepto o una idea, es fundamental que hagas preguntas para poder seguir el resto de la clase.

Sabes exactamente cuando sucede esto: tu estilo de toma de notas pasará a ser el de un taquígrafo (en el oído y en la mano).

Los profesores que han dictado clases durante muchos años suelen darse cuenta de cuáles son las áreas problemáticas y pueden reconocer determinadas expresiones faciales (por ejemplo, cuando los alumnos lucen completamente desconcertados). Sin embargo, la realidad es que ninguno de nosotros puede leer la mente. Recuerda que nuestro trabajo es enseñar, y el tuyo, aprender. Si estás perdido, no aprendes. Y necesito que te concentres en el aprendizaje, por lo tanto, haz preguntas. Por favor.

Tomar excelentes notas de clase es fundamental para dominar el contenido del curso y obtener excelentes calificaciones. Además, debes recordar que cada clase puede ser una experiencia de aprendizaje única. Es más que un proyecto de transcripción. Si **tienes alguna duda, busca aclararla**, a fin de que el resto de la clase continúe teniendo sentido.

Aprovecha las horas de consulta del profesor. Sé una esponja. Absorbe conocimientos.

El profesor Wilson me dijo que, cuando era estudiante, pasaba tanto tiempo en la oficina de uno de sus profesores que tenía su propia taza de café allí. Wilson agregó: «La universidad es como un bufet libre. ¿Por qué los alumnos se vuelven tan delicados al llenar el plato? Me resulta sumamente misterioso». Por eso, recuerda llenar tu plato. Involúcrate intelectualmente con el contenido del curso. Relaciónate con el docente. Y sigue volviendo por más.

«Si estás perdido, no aprendes. Por lo tanto, haz preguntas. Por favor».

Protocolo de las horas de consulta

A continuación, presento mis sugerencias para visitar a los profesores durante las horas de consulta. Ningún docente reaccionará favorablemente a un alumno que asista a las horas de consulta esperando que le vuelvan a dictar la clase, independientemente del motivo (excepto, por supuesto, en el caso de la donación de un riñón). Volver a dictar la clase no es algo práctico. **Todos tenemos agendas apretadas.** Les enseñamos a decenas de alumnos, si no a cientos. De los más de trescientos alumnos a los que les enseño cada semestre, entre treinta y cincuenta (¡o más!) faltan a una clase durante la semana. Sería imposible volver a dictar todas esas clases tantas veces. Sin embargo, eso no significa que los docentes no estemos dispuestos a ayudar a aclarar el contenido de las clases.

No esperes dominar completamente el contenido de una clase una vez que salgas del aula. Eso no es realista. Necesitarás volver a revisar las notas y el libro de texto para aclarar las dudas. Más adelante, te mostraré cómo comenzar a dominar el contenido del curso. Haz un seguimiento de las áreas de la clase que no comprendes. El profesor necesitará esa lista durante las consultas. Por ahora, no entres en pánico. Ten en cuenta que solo algunas personas son capaces de aprender sin realizar mucho esfuerzo. A la mayoría de nosotros nos resulta una tarea ardua.

Cuando asistas a una consulta, hazlo preparado para decirme, específicamente, con qué contenido tienes dudas. Incluso, podrías preparar una lista de preguntas. Un buen punto de partida: dime lo que sabes. Esto me demuestra que has podido dominar parte del contenido de las clases. Además, me gusta que los alumnos intenten describir el contenido que piensan que no saben. Esto me brinda el mejor punto de partida para ayudarte a dominar el contenido del curso. Ahora, solo me queda revisar una parte de la clase, y es mucho más simple ayudarte a comprender. El hecho de que te prepares para una consulta nos permite a ambos ser altamente eficaces y eficientes. Si sigues estas pautas, no me importa cuán a menudo vengas a las consultas. Tampoco le importará a la mayoría de los docentes. Siempre serás bienvenido, siempre y cuando seas un aprendiz motivado. Incluso, podrías ganarte un lugar para tu propia taza de café.

Regla Nº 5

Espacia las sesiones de estudio

Hace algunos semestres, Steven, un alumno de Psicología General, acudió a mi oficina. No había obtenido buenos resultados en la primera prueba y esperaba recibir algunos consejos sobre cómo prepararse mejor. Había asistido a todas las clases. Solía sentarse en el frente, lejos de sus amigos y de las distracciones. La mayoría de las veces, estaba al día con las lecturas asignadas. Entonces, decidí revisar su examen para descifrar el problema. Quizá, tenía dificultades con ciertas clases de preguntas. Tal vez, estaba aprendiendo la información correcta, pero no era capaz de aplicar ese conocimiento.

Mientras calificaba su examen, descubrí un claro patrón de respuestas correctas e incorrectas. Supe inmediatamente que las calificaciones bajas podían deberse a una sola causa.

Miré a Steven y afirmé confiado: «Estudiaste durante toda la noche».

Por la expresión en su rostro, me di cuenta de que estaba estupefacto. ¿Cómo podía saber que Steven, de hecho, se había quedado toda la noche estudiando para el examen? ¿Lo vi en su perfil de Facebook?

Lo que observé fue algo que los psicólogos cognitivos denominan «efecto de posición serial». Suele suceder cuando una persona intenta aprender una larga lista de ítems en un período breve.

A fin de ilustrar el efecto de posición serial, te pediré que realices un ejercicio. Luego, te mostraré cómo evitar caer en esta trampa que deriva en un desempeño lamentable en los exámenes.

Hábito terrible nº 5: Estudiar durante toda la noche

Resulta fácil postergar el estudio hasta el último minuto. La mayoría de los alumnos piensan que simplemente importa la *cantidad* de tiempo que le dedicas a estudiar. Por supuesto, el tiempo sí que importa. Ninguna persona razonable afirmaría que una hora de estudio equivale a ocho. Sin embargo, lo que realmente importa es la cantidad de tiempo de estudio de *calidad*. Durante el transcurso de una sesión de estudio nocturna de ocho horas, la cantidad de tiempo de calidad que realmente le dedicas probablemente no sea más que un par de horas. El resto es una verdadera pérdida de tiempo. Y, de hecho, puede jugar en tu contra.

Ejercicio sobre el efecto de posición serial

Llevemos a cabo un pequeño experimento **(consulta el ejercicio 1, en la página 34)**. Se trata de un simple experimento de memoria. Necesito que leas lentamente una lista de letras y luego la recuerdes. Necesitarás una ficha o una hoja de papel para cubrir las letras. Lee la lista de letras una vez en el orden en que se presentan, alrededor de un ítem por segundo. Luego, cubre la lista con la ficha e, inmediatamente, trata de recordarla, pero hazlo en el mismo orden en que se presentó. Te daré una pista al indicar la cantidad de letras que debes completar. Fíjate cuántas respuestas correctas obtienes. No olvides la ficha.

Resultados

Observemos la cantidad de respuestas correctas de cada lista. Supongo que obtuviste el 100% en la primera lista y el 90-95% o más en la segunda. La tercera lista fue un poco más difícil. Ahora observa lo que sucedió en la cuarta y la quinta lista. ¿No te fue tan bien? No es poco común obtener una precisión del 40-50%. Quiero que te detengas en la cuarta y la quinta lista con un poco más de atención. ¿Te diste cuenta de que tendiste a responder correctamente los primeros ítems de la lista y, luego, quizá, el último o los dos últimos? Has experimentado los límites de tu cognición y has producido tu propia curva de posición serial.

Ejercicio nº 1

*Lee la lista (alrededor de una letra por segundo).
Cúbrela con la ficha y recuérdala en el orden presentado.*

Lista n.º 1

_ _ _ _
c y h g

Lista n.º 2

_ _ _ _ _ _ _
x n q f c r j m

Lista n.º 3

_ _ _ _ _ _ _ _ _ _
k h p i x z q f s v j t

Lista n.º 4

_ _ _ _ _ _ _ _ _ _ _ _
e v t g w h d t b q a o t y k j

Lista n.º 5

_ _ _ _ _ _ _ _ _ _ _ _ _ _ _
k l q t j m b d a z n c v e y h s y r w

La curva de posición serial típica luce como la que se muestra en la **figura 1** y grafica el porcentaje de ítems recordados como una función de la ubicación del ítem en la lista. En las listas largas para memorizar, se puede observar que la capacidad para recordar los ítems del principio es muy alta. Esto se denomina el «efecto de primacía». Resulta fácil aprender una pequeña cantidad de información nueva cuando estás fresco. Observa que la capacidad para recordar los ítems en el medio de la lista es terrible. El problema es que has excedido la capacidad de tu memoria de trabajo. Ahora bien, al final de la lista hay algunos ítems que tiendes a recordar más que aquellos en el medio. Esto se denomina el «efecto de recencia».

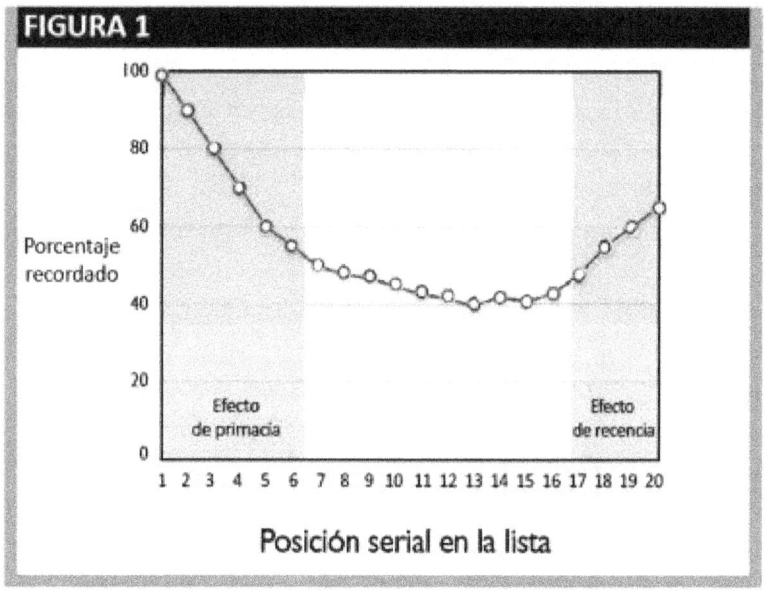

Si intentas aprender todo el contenido de una sola vez, generas las condiciones para producir la curva de posición serial. Cuando analicé el examen de Steven, noté que tendió a responder correctamente varias preguntas al principio de la prueba, respondió pocas correctamente por encima del nivel aleatorio durante gran parte de la mitad del examen y, luego, pudo responder correctamente algunas más al final. Este es el patrón clásico de una sesión de estudio nocturna. Lo veo todo el tiempo e, incluso, en alumnos muy buenos. Hace algunos semestres, un alumno en mi clase Cerebro y Conducta entregó un examen, pero no quiso recibir comentarios en el momento. Esto resultaba algo inusual, ya que había obtenido muy buenos resultados en exámenes anteriores. Lo miré y había obtenido un puntaje del 90% en el contenido de la primera y la segunda clase, pero, luego, el 40-50% en las siguientes tres clases. Su excusa fue que había tenido tres exámenes esa semana y empezó a estudiar para este a último momento. Lo que podría haber sido una A terminó siendo una F.

Esto es lo más irritante: durante el medio y el final de una sesión de estudio nocturna, rara vez estudias por encima del 40% o 50% del nivel de dominio del contenido. En mi escala de calificaciones, eso pasa a ser una F. **¿Por qué invertirías tu tiempo en estudiar para obtener una F?** ¡Es una locura! Además, cuando sumas esas últimas seis horas de estudio a la sesión, aumenta la interferencia con el contenido que has aprendido al comienzo de la sesión. Lo que probablemente habías aprendido bien, digamos, con una capacidad para recordar de más del 95%, ahora solo alcanzaría el 80%. Esto te cuesta una letra en la calificación.

Nunca desperdicies un buen aprendizaje y nunca intentes aprender cuando no te encuentras en las mejores condiciones. Es una pérdida de tiempo. Algunos alumnos parecen considerar las sesiones de estudio nocturnas como una especie de rito de iniciación y las llevan como insignias de honor. Lo sorprendente es que muchos nunca se enteran de que estudiar durante toda la noche es la manera menos eficaz de hacerlo. Atribuyen su fracaso a otros factores y creen que la cantidad de tiempo de estudio es el indicador de las calificaciones. Esta y otras formas de estudiar a último momento son terribles hábitos que se consideran ineficaces e ineficientes para el dominio del contenido del curso. Te costará muchas letras en las calificaciones.

El cambio radical

Espacia tus sesiones de estudio. Si estás acostumbrado a una sesión de estudio nocturna de ocho horas, la próxima vez prueba con cuatro días de sesiones de dos horas (las reglas nº 6-8 te mostrarán qué debes hacer durante estas sesiones). Mejor aún, prueba con ocho sesiones diarias de una hora. Mejor aún, prueba con diez sesiones de noventa minutos (está bien, no soy profesor de Matemática).

Otro consejo proviene de los profesores John Donovan y David Radosevich (1999), quienes llevaron a cabo un metaanálisis de sesenta y tres estudios, donde se compararon las sesiones de estudio espaciadas con las concentradas. Como era de esperar, los alumnos que tuvieron la oportunidad de espaciarlas obtuvieron mejores resultados que el resto. Sin embargo, los investigadores también hallaron que, cuando se los evaluó sobre lecciones y textos exigentes que representaban un desafío, como los que se encuentran en las clases de nivel superior, los mejores desempeños se observaron en los alumnos que no solo espaciaron las sesiones de estudio, sino que también se tomaron un día libre entre ellas. Esto significa que en este tipo de clases realmente debes comenzar a estudiar para los exámenes con dos o tres semanas de anticipación.

Otro problema es que los alumnos de hoy en día estudian mucho menos que la generación anterior o, incluso, la anterior a esta. Hace poco leí un trabajo de investigación publicado en 1935 donde se evaluó a alumnos de cuatro universidades importantes y se demostró que estos estudiaban alrededor de 4,5 horas por día durante la semana y un poco menos durante el fin de semana (Williamson, 1935). ¡Esto representa cerca de treinta horas por semana fuera del aula, hace setenta y cinco años! Una encuesta reciente en el sistema de la Universidad de California concluyó que los alumnos estudian cerca de trece horas por semana. ¿Qué hacen con todo el tiempo restante? Bueno, según la encuesta, pasan más de once horas por semana en las redes sociales y los videojuegos. No es de extrañar que tantos alumnos tengan dificultades para dominar el contenido del curso. Si divides el total del contenido del curso en partes más y más pequeñas y, luego, dedicas sesiones de estudio breves y enfocadas a cada una de ellas, lograrás una mejor capacidad para recordar y calificaciones mucho más altas. Por ejemplo, en las listas para memorizar, probablemente recordaste casi a la perfección las listas 1 y 2. ¿Por qué? Porque no excediste tus límites cognitivos. Las sesiones de estudio más eficaces y eficientes deberían tener como objetivo el dominio del contenido en el rango del 90% al 100%. La mayoría de los psicólogos cognitivos piensan que estudiar más de dos horas perjudica tu aprendizaje.

Espaciar las sesiones de estudio requiere importantes habilidades relacionadas con la administración del tiempo. Debes tener la disciplina suficiente para comprometerte a estudiar un poco cada día. Sí, cada día. Es probable que tomes cinco o seis clases cada trimestre, y todas ellas necesitan tu atención. Entonces, debes combinar las sesiones de estudio nocturnas con ponerte al día con amigos, mirar tu programa favorito de televisión, disfrutar de las cenas (¿eso es posible en el campus?), pasar tiempo en Facebook y hacer ejercicio en el gimnasio. Pero será mejor que abordes dos o tres asignaturas por día. No te preocupes si dedicas tres horas o más por día a estudiar, siempre y cuando cambies de asignatura. Tu curso de Historia no interferirá con el de Psicología, el cual no interferirá con el de Matemática.

Otro consejo sobre tus sesiones de estudio: no solo debes hacer que sean breves, enfocadas y espaciadas, sino que también debes programarlas con atención cuando te encuentres en tu mejor estado en términos cognitivos.

- ¿Cuándo tienes sueño?
- ¿Cuándo estás alerta?

Por ejemplo, nunca programo nada importante justo después de la hora del almuerzo, cuando estoy a punto de entrar en coma alimenticio. Por otro lado, trato de hacer todos mis trabajos de redacción, como escribir este libro, durante la mañana después de una buena noche de descanso y varias tazas de café fuerte.

Descubre cuándo estás en tu mejor estado. Luego, planea las sesiones de estudio en consecuencia. Es un paso fundamental en tu juego de las A. Y un elemento esencial para convertirte en un aprendiz estratégico

Regla Nº 6

Desarrolla objetivos de aprendizaje

El hijo de un amigo, Jimmy, un alumno nuevo en la universidad, acudió a mi oficina para pedir consejos sobre cómo estudiar. Se sentó y se puso cómodo.

—Jimmy —pregunté—, ¿qué haces durante las sesiones de estudio?

—Reviso mis notas —afirmó.

—¿Las revisas dos o tres veces? —pregunté; dijo que lo hacía—. Excelente —dije—, la repetición es importante. Jimmy, ¿alguna vez las revisas cuatro o cinco veces? —pregunté.

—No, en realidad no —respondió—, quizá si el tiempo lo permite.

—Entonces —pregunté—, ¿cómo sabes que has aprendido el contenido y puedes continuar? —hice una pausa y dije—: ¿Se trata de un presentimiento?

—Sí, algo así —respondió.

Esta conversación fue la base sobre la cual ilustraré de qué manera el enfoque de Jimmy era ineficaz para preparar exámenes.

—Jimmy —pregunté—, ¿alguna vez has visto una moneda de un centavo? —Me miró confundido—.

Un centavo —repetí—, de la Casa de la Moneda de los Estados Unidos.

—Sí, por supuesto.

—¿Cuántas veces? —pregunté—. ¿Cientos de veces? ¿Quizá mil veces?

—Sí —dijo—, probablemente, muchas más.

—Entonces… ¿sabes cómo luce un centavo?

—Por supuesto —dijo.

¿Y tú? ¿Sabes cómo luce un centavo? Observa el ejercicio 2 (consulta la página 42) y dime cuál es el centavo verdadero.

Recuerda que los has visto más de mil veces, muchas más de lo que alguna vez verás tus notas. No puedes distinguir el centavo verdadero, ¿no? ¿Por qué? Bueno, nunca has aprendido realmente cómo luce un centavo. Ha pasado por tus manos muchísimas veces, al igual que tus notas de las clases pasan frente a ti durante la sesión de estudio.

Jimmy eligió la opción H. Buen intento, pero la H es incorrecta.

Hábito terrible nº 6: Estudiar como un zombi

La mayoría de los alumnos que tienen un desempeño bajo en los exámenes utilizan técnicas de estudio terriblemente ineficaces e ineficientes durante las sesiones de estudio. Revisan las notas de las clases y las vuelven a leer. Muchos también vuelven a leer las partes resaltadas del libro de texto. Algunos, incluso, vuelven a redactar las notas de las clases. Todas estas constituyen pésimas técnicas.

Después de desaprobar el primer examen, muchos alumnos piensan que no les han dedicado el tiempo suficiente a sus notas e incurren en más de las mismas estrategias de estudio ineficaces. En el siguiente examen obtienen el mismo resultado. Albert Einstein una vez dijo: «*Locura* es hacer lo mismo una y otra vez esperando obtener resultados diferentes». Utilizar las mismas técnicas de estudio ineficaces no puede mejorar tu desempeño, y no lo hará.

Cuando simplemente repasas las notas, procesas la información a un nivel superficial, de la misma manera que con el centavo que pasó por tus manos.

Esta estrategia ineficaz generará la siguiente situación: Lees la pregunta. Miras las opciones. Es posible que puedas descartar una o dos alternativas o distractores (así es como las llaman las personas que diseñan las pruebas). Sin embargo, parece que las dos o tres restantes pueden ser correctas. Sé sincero. Has pasado por esta situación. Es como el truco del centavo. Apuesto que pudiste reducir las opciones de los centavos a solo algunas alternativas, pero, después, se trató de una completa adivinanza. ¿Cómo evitas caer en el truco del centavo, en el que todas las respuestas parecen correctas? Es fácil. Quiero que adoptes un enfoque diferente para estudiar.

El cambio radical

Para cada sesión de estudio, debes proponerte objetivos de aprendizaje claros y concisos. Determina exactamente qué quieres aprender. Esto debe quedar muy claro.

Ejercicio nº 2

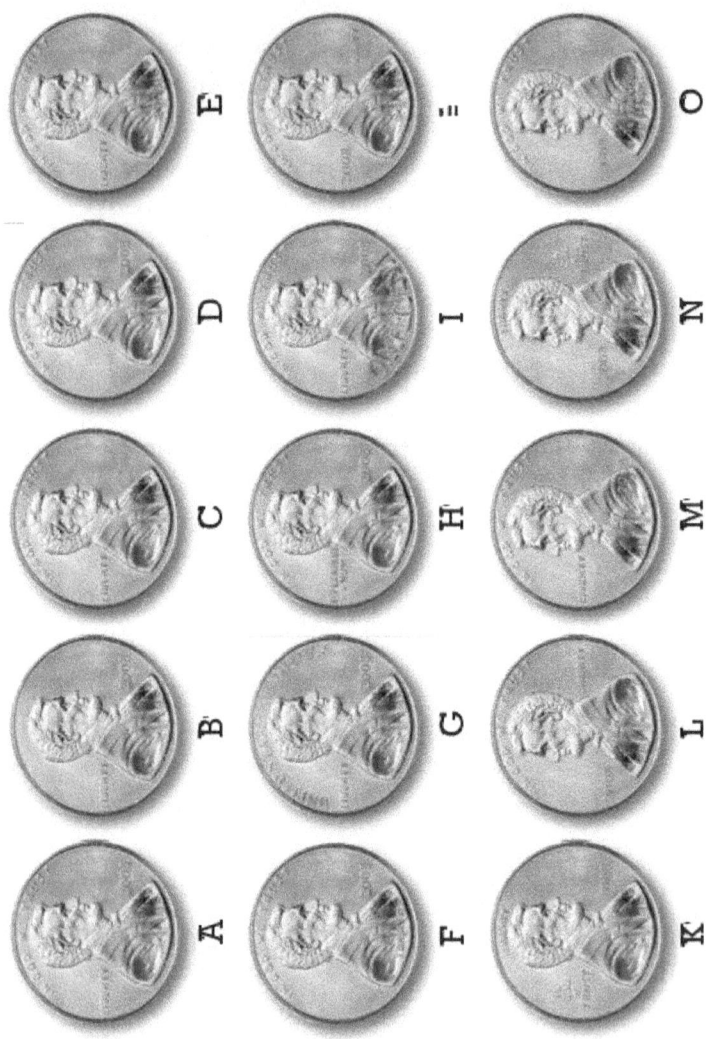

¿Cuál es el centavo verdadero?
Para consultar la ilustración en color, visita
www.TheAGameBook.com

El juego de las A

Si tienes notas excelentes, esto te resultará fácil. Permíteme enseñarte cómo desarrollar objetivos de aprendizaje. Regresemos al centavo. Ve a buscar uno.

Supondré que sabías que la persona que aparece en el centavo es el presidente Lincoln; sin embargo, debes aprender otros detalles.

Primero, ¿en qué dirección mira Lincoln? Mira hacia tu lado derecho.

Segundo, ¿dónde se ubica la fecha? La fecha se ubica del lado inferior derecho.

Tercero, ¿dónde se ubica la palabra *Liberty* (Libertad)? Libertad se ubica del lado izquierdo de la moneda.

Cuarto, ¿dónde se ubica la frase *In God We Trust* (En Dios confiamos)? Esa frase se encuentra en la parte superior de la moneda.

Aquí tienes los cuatro objetivos de aprendizaje. Si quieres ser capaz de identificar correctamente un centavo, solo tienes que saber esas cuatro cosas. Cuatro objetivos de aprendizaje simples: 1) Lincoln mira hacia el lado derecho; 2) la fecha se ubica del lado derecho; 3) la palabra *Libertad* se ubica del lado izquierdo; y 4) la frase *En Dios confiamos* se ubica en la parte superior.

Ahora bien, para hacerlos divertidos y memorables, elaborémoslos un poco. ¿Cómo podemos reformular *Lincoln mira hacia el lado derecho*? Se considera que fue uno de los presidentes más importantes. ¿Qué tal *Lincoln estudió Derecho*?

¿Qué sigue? La *fecha* se ubica del lado derecho. Se me ocurrió algo. Piensa en un cartón de leche. Nunca ignores la fecha de vencimiento, siempre mira la fecha. Lincoln estudió Derecho y miraba la fecha. ¿Funciona? ¡Mira la fecha!

Lo que sigue es *Libertad* del lado izquierdo. Veamos… *Libertad*-lado izquierdo. *Libertad*-lado izquierdo. Libertad-lado izquierdo. No se me ocurre nada… ¿Y a ti? ¡Ya sé! LI-LI. Libertad empieza con las letras L y I como la frase "lado izquierdo" *Libertad*-lado izquierdo. Entonces, ahora tenemos *Lincoln estudió Derecho, mira la fecha y libertad-lado izquierdo*.

El último objetivo es la frase *En Dios confiamos*, ubicada en la parte superior. Podemos decir que Dios se encuentra allí arriba o en las alturas, ¿cierto? Esto funciona para mí. Dios en las alturas.

Aquí los tienes. Cuatro objetivos de aprendizaje: 1) Lincoln estudió Derecho; 2) mira la fecha; 3) Libertad-lado izquierdo; y 4) Dios en las alturas. Digámoslos de nuevo. Lincoln estudió

Derecho, mira la fecha, Libertad-lado izquierdo y Dios en las alturas. Cierra los ojos y repítelos nuevamente. ¿Te los acuerdas? Apuesto que sí.

Si asistes a clases bien preparado (consulta la regla nº 3) y tomas notas excelentes, te resultará fácil identificar los objetivos de aprendizaje. En algunas ocasiones, se trata de información en una tabla o un diagrama. Algunos docentes utilizan esquemas extensos, lo que puede ser muy útil. Cada uno de ellos te ayuda a desarrollar objetivos de aprendizaje. Por cierto, ¿cuáles eran los cuatro objetivos de aprendizaje del centavo? Apuesto que los recuerdas. ¿Ves qué fácil resultó?

> «Los objetivos de aprendizaje son útiles en todas las clases».

Los objetivos de aprendizaje son útiles en todas las clases. Piensa en un curso de Historia y en algún acontecimiento en el pasado. Identifica el acontecimiento, los participantes, las causas y las consecuencias. A cada uno de estos les puedes asignar objetivos de aprendizaje secundarios. Por ejemplo, los objetivos de aprendizaje para las consecuencias podrían considerarse en términos económicos, militares, políticos y sociales, entre otros. Esta idea de desarrollar objetivos de aprendizaje con títulos principales y subtítulos es muy similar a una excelente técnica de estudio denominada «mapas conceptuales».

Mapas conceptuales

Los mapas conceptuales constituyen una estrategia que las personas utilizan para organizar y dar sentido al conocimiento, de la misma manera que se crean hojas de ruta para organizar carreteras, pueblos, parques, ríos, lagos, etcétera. Piensa en este «organizador de conocimientos» como si fuese un organizar de armario para tu ropa, zapatos y accesorios. Así es, se trata del mismo organizador de armario que mencioné en el capítulo 3. Más importante aún, los mapas conceptuales fomentan un aprendizaje más significativo y una mejor retención debido a que conectan conceptos e ideas clave de manera organizada (Nesbitt y Adesope, 2006).

Fueron desarrollados en un principio por el profesor Joseph D. Novak de la Universidad de Cornell, como es lógico, a fin de mejorar el aprendizaje de los alumnos, particularmente, en las disciplinas más difíciles, como las ciencias físicas. Los mapas conceptuales funcionan de una manera razonablemente simple. Se basan en la noción de que el conocimiento nuevo se crea cuando se relaciona con el conocimiento existente. En psicología, este tipo de aprendizaje se denomina «asimilación». Para aquellos que son fanáticos de *Star Trek: la próxima generación*, este es el mismo tipo de adquisición de conocimiento de los Borg.

Diseñar un mapa conceptual es un proceso simple, especialmente, si cuentas con notas de clases bien organizadas (consulta la regla nº 3). En todos los mapas conceptuales, empiezas con un dominio de conocimiento en particular y, luego, incluyes datos a fin de mostrar cómo el contenido se relaciona entre sí. Si alguna vez viste un drama policíaco, los tienes que haber visto. Aquí, los detectives intentan relacionar a los personajes criminales con sus motivaciones.

«Los mapas conceptuales favorecen un aprendizaje más significativo y una mejor retención».

Imagina una clase en la que se aborda el concepto de las estaciones. El profesor presenta información que incluye definiciones, conceptos y ejemplos. El objetivo de los mapas conceptuales es organizar esta información de modo que, eventualmente, facilite el aprendizaje y la retención. En esta clase aprenderás los nombres de las estaciones, las temperaturas y la duración de la luz solar asociadas con cada estación, de qué manera la inclinación del eje terrestre causa las diferentes estaciones. En la figura 2 **(en la página 42)** se muestra cómo se podrían combinar todos estos elementos de la clase en un mapa conceptual.

En este mapa conceptual, se observan ideas principales dentro de casilleros. Lo que es más importante, se observan flechas entre los casilleros, las cuales señalan las relaciones entre los conceptos. Algunas de las conexiones entre los casilleros destacan características simples (por ejemplo, el día dura más en verano), mientras que otras marcan conexiones más profundas (por ejemplo, la altura del sol por encima del horizonte se determina por el grado de inclinación del eje terrestre).

En mis clases, organizo el material a fin de que resulte fácil diseñar mapas conceptuales. Les brindo a los alumnos un esquema básico de la clase. A partir de él, completan los detalles. Por ejemplo, un mapa conceptual creado a partir de mi esquema de la esquizofrenia en mi clase de Biopsicología implicaría organizar el conocimiento en torno a 1) los

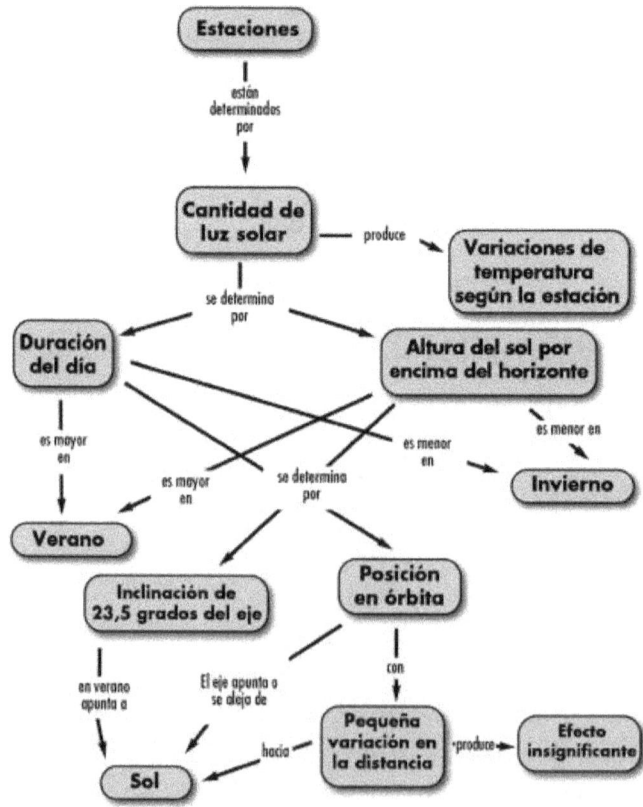

síntomas, 2) las causas, 3) la neuropatología y 4) el tratamiento. Cada uno de estos cuatro casilleros (o núcleos) tendrá sus propios subnúcleos. Por ejemplo, los síntomas de la esquizofrenia se agrupan en dos amplias categorías. Los niveles de aprendizaje más altos aparecen a través de las relaciones. Si asistes a mis clases, encontrarás fácilmente las interrelaciones entre estas categorías principales. El núcleo de una categoría de síntomas se puede relacionar con un subnúcleo dentro de la patología (exceso de dopamina), que se puede relacionar con un subnúcleo dentro del tratamiento (con torazina).

Relacionar los conceptos representa la comprensión más profunda del contenido.

«Diseñar mapas conceptuales durante las sesiones de estudio mejora el desempeño en las pruebas».

Un estudio reciente de los profesores Jack Berry y Stephen Chew (2008) muestra que con solo diseñar mapas conceptuales se mejora el desempeño en las pruebas. En su experimento, Berry y Chew les otorgaron créditos adicionales a los alumnos de Psicología General por diseñar hasta dos mapas conceptuales para un cuestionario que luego realizarían. Cada uno de los mapas conceptuales, que se habían analizado a principios del trimestre, tenía al menos treinta conceptos o núcleos interrelacionados.

Algunos alumnos entregaron mapas con muchos más núcleos, y uno tenía más de noventa y cinco.

Aquellos que presentaron los mapas conceptuales obtuvieron mejores puntajes en los exámenes que el resto. Además, los alumnos que presentaron dos mapas obtuvieron mejores puntajes en los exámenes que aquellos que entregaron solo uno. Por último, los alumnos que presentaron mapas con más núcleos obtuvieron mejores puntajes en los exámenes que los que incluyeron menos núcleos. El solo hecho de diseñar mapas conceptuales facilitó el aprendizaje. En el capítulo 8, presentaré otra regla para seguir al utilizar estos mapas conceptuales a fin de obtener mejores resultados de aprendizaje. En otras palabras, mejores calificaciones.

Aprendizaje reflexivo de cuatro preguntas

Otro enfoque para desarrollar objetivos de aprendizaje a partir del contenido de las clases proviene de los profesores de Psicología Beth Dietz-Uhler y Jason Lanter (2009), quienes les dieron a los alumnos un ejercicio reflexivo de cuatro preguntas antes de realizar un cuestionario. El objetivo del ejercicio es el **aprendizaje activo** por parte del alumno. El aprendizaje activo ha demostrado fomentar una mejor retención del contenido y mejorar el desempeño en las pruebas.

Se les pidió a los alumnos que brindaran respuestas de cien palabras por escrito para cada una de cuatro preguntas. Estas eran las siguientes: 1) identificar un concepto, hallazgo en investigaciones, teoría o idea importantes en psicología; 2) explicar por qué este concepto, hallazgo, teoría o idea es importante; 3) explicar cómo este concepto, hallazgo, teoría o idea se aplica a cierto aspecto de la vida; e 4) identificar qué preguntas en lo que respecta a este concepto, hallazgo, teoría o idea no fueron respondidas. Las primeras tres preguntas son esencialmente objetivos de aprendizaje: identificar un concepto, explicar por qué es importante e indicar cómo se aplica a la vida. Como se verá en el próximo capítulo, estos tipos de preguntas también corresponden a niveles de aprendizaje más altos.

> «Un ejercicio de aprendizaje reflexivo de cuatro preguntas puede aumentar los puntajes en un 15%».

Los alumnos que realizaron el ejercicio de aprendizaje mientras estudiaban obtuvieron un puntaje 15% mayor que el resto, incluso, durante el mismo lapso. ¡Eso es un aumento de una letra y media en las calificaciones!

Reducción de las notas

Uno de mis profesores me enseñó esta estrategia de aprendizaje, y a mis alumnos les encanta porque da resultados fantásticos. Si eliges adoptar esta estrategia, debes comenzar una o dos semanas antes del examen, como mínimo. La técnica se denomina «reducción de las notas».

El objetivo es reunir todas tus notas de las clases y confeccionar una versión que abarque una sola página de cuaderno. Piensa en esto como una gran ayuda memoria. La reducción de las notas requiere un considerable procesamiento de la información. Reduce una gran cantidad de contenido a frases, conceptos y ejemplos clave. La idea es que puedas ser capaz de recordar todo el contenido del conjunto de notas original a partir de las pistas en la ayuda memoria. Esto debería realizarse alrededor de una semana antes del examen. En ese momento, la reviso para ver si existe alguna laguna. Confío en que tu profesor hará lo mismo. Ahora, una vez que hayas cumplido ese objetivo de aprendizaje (recuerda dejar espacio en blanco para las clases siguientes), quiero que tomes esa página completa y la reduzcas a una ficha de 12 × 20 cm. Es cierto, no te resultará nada fácil. Sin embargo, si puedes reducir esas notas a este nivel, procesarás la información en un nivel aún más profundo. Ahora tu objetivo de aprendizaje es ser capaz de mirar esa ficha y responder todas las preguntas que surjan a partir de tus notas originales. Deberías completar la versión reducida tres o cuatro días antes del examen, como mínimo. Nuevamente, reviso tu ayuda memoria de 12 × 20 cm. Además, te hago algunas preguntas para verificar lo que has aprendido. Pero eso no es

> «A los alumnos les encanta la reducción de notas porque da resultados fantásticos».

todo.

Finalmente, necesitas una ficha de 8 × 12 cm. Tu tarea es reducir tu ayuda memoria de 12 × 20 cm a esta ficha más pequeña. Esto parece difícil: todas las notas de las clases en una ayuda memoria de 8 × 12 cm. Sin embargo, es realmente fácil hacerlo a esta altura. Además de este paso para la reducción de notas, tengo otro objetivo.

Un día antes del examen, quiero que seas capaz de tomar esa ficha, voltearla y reformular todo el contenido de memoria. De hecho, eventualmente, la mayoría de los alumnos lo hacen sin problemas. Una vez que reformules las notas de memoria, habrás creado una ayuda memoria en el ojo de la mente. Gracias a esa ficha mental de 8 × 12 cm, contarás con todas las pistas necesarias para recordar una gran cantidad de información. Si es necesario, asiste al examen sin las notas. Tan pronto como recibas el cuadernillo de la prueba, recrea la ayuda memoria en el reverso. Esto no es hacer trampa. Se trata de saber y comprender el contenido del curso. Por completo.

Uno de los cambios radicales más importantes es la capacidad de desarrollar objetivos de aprendizaje. Traza un camino claro que te conducirá a obtener calificaciones A en los exámenes. Un amigo de la Universidad de Furman, el profesor Charles Brewer, dice: «Si no sabes hacia dónde vas, las probabilidades de llegar son aleatorias».

Al preparar y realizar exámenes, la aleatoriedad equivale a desaprobar. Créeme, he visto puntajes de exámenes que se encuentran por debajo del nivel de desempeño aleatorio. Quizá debería agregar otra categoría de calificaciones a mis cursos: una calificación LF para «desaprobado legendario».

Resulta absolutamente necesario desarrollar objetivos de aprendizaje a fin de llevar tu juego de las A al aula. Te brinda un claro camino para seguir mientras estudias y evita las respuestas aleatorias durante el examen. Sin embargo, hay más por descubrir sobre estos objetivos de aprendizaje. Pasemos a la regla nº 7.

Regla Nº 7

Aprende contenidos de todos los niveles

Hace varios años, un alumno de mi clase de Psicología General acudió a mi oficina para analizar su examen. Dijo que se sorprendió cuando se enteró de que había desaprobado. «¿Quién no?», dije.

«Pero fui con la sensación de que sabía el contenido», afirmó.

El joven había asistido a todas las clases (regla nº 1) y siempre se había sentado cerca del frente, lejos de sus amigos (regla nº 2). Admitió que rara vez revisaba los textos asignados antes de las clases (violación de la regla nº 3). Era un poco callado en el aula (violación de la regla nº 4); sin embargo, tengo que darle crédito por haber venido a verme tan pronto en el trimestre para retomar el camino correcto. Al preparar los exámenes, dijo que estudiaba dos o tres días antes (probablemente, podría mejorar la regla nº 5), debido a que estudiar durante toda la noche nunca le había dado buenos resultados. Al preguntarle de qué manera estudiaba, dijo que, principalmente, contaba con las tarjetas didácticas (lo que constituye una manera de desarrollar los objetivos de aprendizaje de la regla nº 6) y que, de hecho, había sido capaz de responder todas ellas de manera correcta (consulta la regla nº 8 a continuación). Estaba desconcertado. ¿Cómo era posible que este joven siguiera estos pasos y no obtuviera más del 50% en el contenido de las pruebas?

—¿Puedo ver tus tarjetas didácticas? —pregunté.

—Por supuesto —dijo mientras las sacaba de su mochila—. Pregúnteme acerca de cualquiera de ellas.

Comencé a observar la gran pila. Evidentemente, los términos clave aparecían de un lado y la definición correcta, en el reverso. Después de examinar detenidamente la primera decena o más utilicé el pulgar para mirar rápidamente el resto. Inmediatamente, detecté el problema. Solo por curiosidad, le pedí que recordara el contenido de algunas tarjetas y, por supuesto, sabía las respuestas. Luego, tomé su examen, lo califiqué y confirmé cuál era el problema. ¿Cuál era? El efecto Dragnet («emboscada»).

En los años cincuenta y sesenta, en la televisión había un programa policial llamado Dragnet. El personaje principal era el detective Joe Friday, a quien le interesaba establecer las «circunstancias de los hechos». Y esto es exactamente lo que metió en problemas a este alumno. Dominó el 100% de los hechos, pero obtuvo un 0% en todos los demás tipos de conocimientos evaluados en el examen. Simplemente, no estudió los contenidos de todos los niveles de aprendizaje.

Hábito terrible nº 7: Estudiar solo los hechos

A menudo, los alumnos cuentan con una cantidad limitada de tiempo para estudiar. Algunos toman al glosario de términos clave y estudian solamente ese contenido. Quizá nunca antes se los haya evaluado en niveles de aprendizaje más altos. Es posible que esto les haya dado resultados no tan malos en el pasado. Sin embargo, prácticamente todos los profesores universitarios esperan mucho más de sus alumnos y los evalúan en consecuencia. Sin duda, aprender los hechos es una base necesaria para llegar a una mejor comprensión. Sin embargo, aprender solo los hechos dista mucho de dominar el contenido del curso. Evita el efecto **Dragnet**. Aprender *solamente* los ítems en negrita o el glosario es un hábito terrible.

El cambio radical

El aprendizaje sucede en un orden jerárquico. Dominar la información del nivel más bajo da lugar a los niveles de aprendizaje y comprensión más altos. Estos niveles de aprendizaje más altos van más allá de simplemente saber algo. Se trata de la diferencia entre saber *que algo sucedió* y saber de *qué manera y por qué sucedió*. De hecho, los alumnos que pueden aplicar los hechos y conceptos básicos comprenden el contenido en un nivel superior. Y créeme cuando digo lo siguiente: te evaluaré en estos niveles de aprendizaje más altos, y así lo hará la mayoría de los docentes.

Uno de los modelos utilizados con más frecuencia para caracterizar esta noción es la *taxonomía del aprendizaje de Bloom* (Bloom, 1956). La taxonomía normalmente se representa como un modelo con forma de pirámide de seis niveles, organizados jerárquicamente. Se debe dominar la información en el nivel más bajo a fin de avanzar al siguiente nivel de aprendizaje. Los niveles de aprendizaje de Bloom se muestran en el lado izquierdo de la pirámide en la figura 3 (**consulta la figura 3, en la página 54**).

Para explicarles este concepto a mis alumnos, agrupo las seis categorías de Bloom en tres niveles de conocimiento. Estas categorías aparecen en el lado derecho de la pirámide. Considero que el conocimiento fáctico se encuentra en el nivel de aprendizaje más bajo. Incluye las categorías de conocimiento y comprensión de Bloom. En este nivel, dominas los términos y los conceptos clave. Este es el tipo de aprendizaje que depende del dominio de las definiciones y de la organización de tu conocimiento en mapas conceptuales. Una pregunta de evaluación basada en el conocimiento fáctico puede ser la siguiente: «¿Cuáles de las siguientes definiciones se aplica mejor al condicionamiento clásico?». Este nivel de aprendizaje es la base sobre la cual se desarrolla el aprendizaje de niveles más altos. ¡Pero no te detengas aquí!

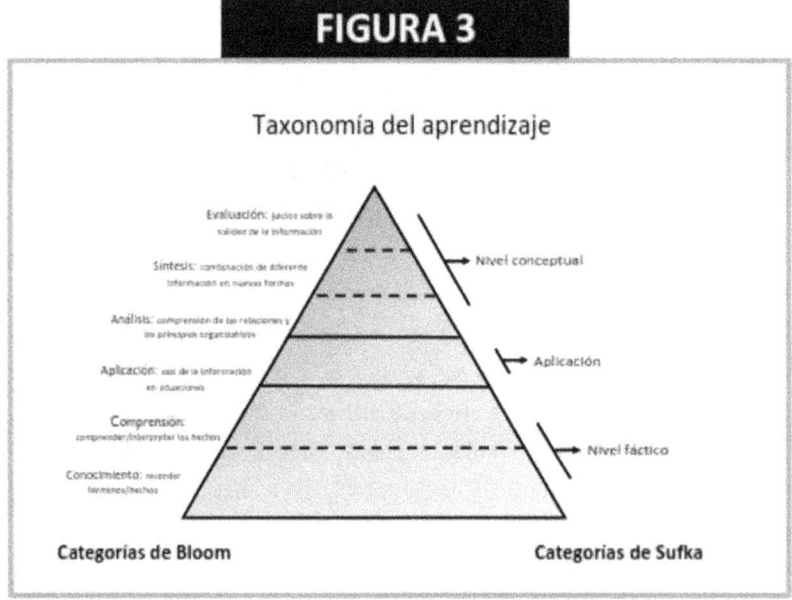

FIGURA 3

El siguiente nivel de aprendizaje en mi modelo es el conocimiento de aplicación (al igual que el de Bloom). Los alumnos toman el conocimiento fáctico y lo aplican a situaciones de la vida real. Es posible que una pregunta de evaluación basada en el conocimiento de aplicación le exija al alumno identificar un concepto en una narración. Por ejemplo: «¿Qué principio de condicionamiento describe el fenómeno en el que una persona se entristece cuando ve a un perro que se parece a una querida mascota familiar de su infancia?».

Aquí, espero que reconozcas una aplicación en la vida real de un principio de aprendizaje común. Las personas que pueden utilizar el conocimiento en diversos entornos de aplicación han logrado un nivel de aprendizaje más alto y, en las pruebas, obtienen mejores calificaciones.

> «Los objetivos de aprendizaje de varios niveles son esenciales para obtener excelentes calificaciones».

Por último, en el nivel más alto de la jerarquía de aprendizaje se encuentra el conocimiento conceptual. En este nivel, un alumno puede tomar un conjunto de hechos y ejemplos sobre temas relacionados —o aparentemente distintos—, compararlos y contrastarlos, y utilizarlos de maneras novedosas. Este es el nivel de aprendizaje más alto. Una pregunta de conocimiento conceptual en mi examen de Biopsicología puede ser la siguiente: «¿Por qué los medicamentos antipsicóticos, como la torazina, producen síntomas similares a los de Parkinson?». Un alumno necesitará saber y asociar los mecanismos de acción de la torazina y la neuropatología de la

enfermedad de Parkinson. Esto indicaría la comprensión más profunda del contenido del curso. Y, a la hora de la prueba, conduce a calificaciones A.

Cuando hagas mapas conceptuales, asegúrate de agregar subnúcleos de conocimiento de aplicación. Para aprovechar el aprendizaje en el nivel conceptual, busca relaciones entre los núcleos. Haz preguntas sobre cómo se conectan o cómo no lo hacen. Debes adaptar los objetivos de aprendizaje de varios niveles a tu plan de juego a fin de obtener calificaciones A. ¿Por qué debes saber esto? La mayoría de las pruebas de nivel universitario incluirán preguntas en los tres niveles. Cuando diseño una prueba, alrededor del 50% de mis preguntas sacan provecho del conocimiento fáctico, el 35% del conocimiento de aplicación y el 15% del conocimiento conceptual. Tracy, una alumna de mi clase de Biopsicología, aplicó el mismo enfoque de estudio de las tarjetas didácticas y experimentó el efecto Dragnet. Obtuvo treinta y un puntos sobre cincuenta y cinco posibles en el primer examen. Al analizar con más atención las preguntas en las que había fallado, le mostré que había fallado en solo una pregunta fáctica. Eso es casi un dominio del 100%... del nivel de aprendizaje más bajo. De las otras quince en las que falló, once eran preguntas de aplicación y cuatro eran conceptuales.

¿Ahora entiendes cómo el efecto Dragnet conduce a calificaciones equivalentes a desaprobar? En la mitad de la prueba, responderás correctamente la mayoría de las preguntas. En la otra mitad, te desempeñarás alrededor del nivel aleatorio. Eso se traduciría en una calificación D o F. Sin embargo, si te aseguras de que tus objetivos (consulta la regla nº 6) aborden todos los niveles de aprendizaje, dominarás el contenido del curso de cada nivel. Este es un cambio radical. Y obtendrás calificaciones A.

Regla Nº 8

Utiliza controles de aprendizaje

A continuación, relato otra historia de la oficina del profesor Kelly Wilson. «Pero, doctor Wilson —le dijo una alumna a mi colega en el pasillo—, hice las tarjetas didácticas».

«Divide las tarjetas en dos pilas», indicó el profesor Wilson. Le dijo a la alumna que colocara en una pila todas las tarjetas cuyo contenido dominaba, y el resto en la segunda.

Para utilizar con eficiencia el valioso tiempo de estudio, según el profesor Wilson, debía estudiar las tarjetas didácticas con las que le fue mal. Y, cuando respondiera todas correctamente, debía mezclarlas y repetir el proceso con todas juntas.

Esta conversación me hizo reflexionar sobre el estudio y el aprendizaje en un sentido más amplio.

¿Cómo sabemos lo que sabemos?

¿Cómo sabemos lo que no sabemos?

Como mencioné en un capítulo anterior, a menudo, los alumnos evalúan su conocimiento a través de ese «presentimiento» después de revisar las notas varias veces. Y sabemos que eso no funciona. ¿Recuerdas el truco del centavo?

Algunas semanas más tarde, un alumno se acercó durante las horas de consulta. No le había ido bien en los primeros dos exámenes. Respondía correctamente alrededor del 50% del contenido. Había violado la mayoría de mis reglas y, por el momento, obtenía una calificación F.

Para tratar de motivarlo, dije: «¿Te das cuenta de que en la mitad de los ítems de la prueba obtuviste un puntaje del 100%? Esto representa un puntaje perfecto y una calificación A». Se le dibujó una gran sonrisa en el rostro. Y, si bien sabía que esto iba a desmotivarlo, agregué: «En la otra mitad de la prueba es donde tuviste problemas con cada pregunta. Cero por ciento de respuestas correctas». Sin embargo, añadí: «Conozco una solución fácil para descubrir lo que sabes... y lo que no sabes».

Si adoptas esta estrategia, te convertirás en una máquina de aprender increíblemente eficiente.

Hábito terrible nº 8: No saber lo que no sabes

Nunca determines lo que sabes y lo que no sabes. Para algunos alumnos es, aparentemente, un misterio que se revelará con la prueba misma. Sin embargo, el profesor Wilson afirma que, para cada prueba que realices, ya *deberías* conocer tu puntaje de antemano. No debería haber sorpresas.

Otro hábito terrible es simplemente leer una y otra vez el contenido hasta que llegue el momento de la prueba. Ya sabemos que esta es una pésima estrategia de aprendizaje (consulta la regla nº 6). Cuando hagas esto, tratarás todo el contenido por igual. Supondrás que lo estás aprendiendo con la misma velocidad y profundidad. Pero, claramente, esto no es así. Analicemos a mi alumno. Sabemos que aprendió realmente bien la mitad del contenido. La otra mitad es la que verdaderamente necesitaba estudiar. Piensa en esto. Te evalúas a ti mismo y respondes de manera correcta un ítem. No puedes obtener un puntaje más alto, ¿cierto? Entonces, deja de perder tiempo en el contenido que ya conoces. Desperdicias valioso tiempo de estudio. Perjudica tus calificaciones.

El cambio radical

Utiliza controles de aprendizaje en tus sesiones de estudio. Y hazlo con frecuencia. Es importante separar la información bien aprendida del resto, de la misma manera que cuando el doctor Wilson le pidió a su alumna que dividiera las tarjetas didácticas en dos pilas. El tiempo de estudio es valioso. No deberías desperdiciarlo en aprender el contenido que ya sabes. Siempre deberías dedicar tu tiempo de estudio a aprender nueva información y autoevaluarte para confirmar que la recuerdas.

Sucede otra cosa importante cuando controlas tu aprendizaje a través de las autoevaluaciones. Los estudios demuestran que la práctica de recuperación de contenido en las autoevaluaciones da mejores resultados en los puntajes, en comparación con otras técnicas de estudio, como los mapas conceptuales. Hay tres estrategias clave para controlar tu aprendizaje durante las sesiones de estudio. Son cambios radicales necesarios para dominar el contenido del curso y obtener calificaciones A.

Controles de aprendizaje en la pizarra blanca

Comienza con una pizarra blanca y algunos marcadores que se borran en seco. Tu objetivo es reformular un objetivo de aprendizaje sin consultar las notas. Por ejemplo, quiero que los alumnos sepan cierta información sobre los cuatro paradigmas del condicionamiento operante. Estos son procedimientos que alteran la conducta, ya sea al brindar o quitar premios (dinero) o estímulos aversivos (períodos de descanso). Un alumno debería ser capaz de a) nombrar los cuatro paradigmas, b) explicar el uso de estímulos, c) indicar los efectos en la conducta y d) brindar ejemplos de ese paradigma. Los claros objetivos de aprendizaje (regla nº 6) se asocian con niveles de aprendizaje más altos (regla nº 7).

En mi clase, cuento con un esquema altamente visual (una grilla de cuatro casilleros de 5 × 5 cm) que ayuda a abordar estos detalles. Tal vez elijas adoptar la estrategia de aprendizaje de crear mapas conceptuales. Cualquiera de estas estrategias funcionará.

Guarda tus notas, saca la pizarra de borrado en seco y recrea la grilla o el mapa conceptual. Compáralo con tus notas. ¿Acertaste en todo? Si es así, continúa. Si no, ¿en qué partes tuviste problemas? Concéntrate en hacer las correcciones, vuelve a empezar e inténtalo de nuevo de cero. Es importante que empieces completamente de nuevo con una pizarra en blanco. Una vez que comprendas el concepto perfectamente, pasa al siguiente objetivo de aprendizaje.

Autoevaluaciones con amigos

En el capítulo 6, mencioné que la estrategia de reducción de notas era una poderosa técnica de aprendizaje. Además, indiqué que me gusta revisar las ayuda memorias o tarjetas para ver qué tan bien los alumnos pueden recordar el contenido de las clases a partir de estas pistas.

Debido a que los profesores no pueden estar disponibles las veinticuatro horas, los siete días de la semana, debes hacerte algunos amigos en las clases. En lugar de que el profesor evalúe tu dominio del contenido del curso, consigue a un compañero que cumpla esa función. En este ejercicio, usas la ayuda memoria, mientras que tu amigo trabaja con las notas. Si no eres capaz de responder una pregunta de tu amigo, descubrirás lagunas en tu tarjeta de notas. Recuerda que, varios días antes de la prueba, reducirás las notas a una ayuda memoria de 8 × 12 cm. Es importante que te evalúen varias veces antes del examen.

Gracias a este control de aprendizaje, descubrirás qué información sabes realmente bien y qué información no sabes en absoluto. Y conocemos el motivo por el cual esto es fundamental. Se puede dedicar valioso tiempo de estudio al material que no hayas dominado.

Juego de roles

Otra técnica que me gusta utilizar es usar la díada alumno-docente. Aquí, agrupo dos alumnos de la clase, quienes eventualmente controlarán el aprendizaje del otro. Empiezo dándole a cada alumno dos claros objetivos de aprendizaje. Después de que los alumnos dominan el objetivo de aprendizaje, designo a uno como el docente y al otro como el alumno. De esta manera, ambos alcanzarán un buen nivel de dominio debido a que el «alumno», de hecho, funciona como la persona responsable del control de aprendizaje. La tarea del docente es enseñar el concepto sin utilizar las notas. El alumno sigue la clase utilizando las notas, a fin de controlar si hay errores. Cuando se comete un error, el docente es alertado y se realiza la corrección. Una vez que se completa ese control de aprendizaje, intercambian los lugares y abordan el segundo tema.

Sin embargo, sucede algo más con estos grupos de estudio de díadas alumno-docente. Al prepararse para enseñar y dictar una pequeña clase, el alumno se ve forzado a procesar información en un nivel mucho más profundo. Esto tiene beneficios reales para el docente. Por ejemplo, un estudio comparó los resultados de aprendizaje entre alumnos que recibieron una lectura asignada para estudiar con los de otro grupo de alumnos que recibió la misma lectura asignada para prepararla y enseñársela a otro grupo. El segundo grupo demostró mejor desempeño en el examen (Bargh y Schul, 1980). Las mejoras significaban una letra completa más alta en la calificación.

Entonces, hazte la siguiente pregunta: **¿Le pagarías a un tutor?**

¿**O cobrarías por ser tutor?** Verás, conviene ser un tutor por muchos motivos. Dinero y calificaciones.

No se puede subestimar la importancia de las autoevaluaciones y los controles de aprendizaje. No hay dudas de que te convierten en un aprendiz más eficaz al concentrar el valioso tiempo de estudio en el contenido que no has aprendido bien; sin embargo, se genera un efecto aún más grande. Resulta que esta técnica conduce a una mejor retención del contenido a largo plazo, en comparación con las estrategias sin autoevaluaciones.

> «No se puede subestimar la importancia de las autoevaluaciones al estudiar».

Los profesores Jeffrey Karpicke y Henry Roediger, III (2008) llevaron a cabo un interesante estudio que vale la pena mencionar debido a que los efectos son sumamente drásticos. Se les pidió a diferentes grupos de alumnos que aprendieran cuarenta pares de palabras (suajili-inglés) utilizando una de cuatro estrategias de estudio, dos de las cuales incluían evaluaciones reiteradas sobre la lista completa de pares de palabras, mientras que las otras dos estrategias no lo hacían. Mientras que los cuatro grupos fueron capaces de recordar perfectamente a la misma velocidad durante la fase de aprendizaje del estudio, hubo diferencias sustanciales durante el desempeño en la prueba una semana después. Los dos grupos que se autoevaluaron en torno a todo el contenido reiteradas veces durante la fase de aprendizaje recordaron de manera correcta el 80% de los pares de palabras. Los otros dos grupos, uno de los cuales se autoevaluó solamente en cuanto a los pares incorrectos de palabras durante la fase de aprendizaje, recordaron correctamente menos del 40% de los pares. Recuerda que todos los grupos parecían haber aprendido bien el contenido durante las sesiones de aprendizaje iniciales, pero la capacidad para recordarlo una semana más tarde resultó sumamente perjudicada. Si estuviese calificando a estos grupos, obtendrían una B y una F, respectivamente. Por lo tanto, la clave es la siguiente:

1. Estudia todo el contenido utilizando objetivos de aprendizaje.
2. Autoevalúate a fin de identificar qué sabes y qué no.
3. Estudia solamente el contenido que aún no hayas dominado.
4. Repite la autoevaluación con todo el contenido.

En la regla 5 aprendimos que espaciar tus momentos de estudio en sesiones más breves y frecuentes mejora el desempeño en los exámenes. Y en la regla 6 aprendimos que crear mapas conceptuales también mejora el desempeño en los exámenes. En un experimento reciente, los profesores Karpicke y Blunt (2011) compararon el desempeño del aprendizaje utilizando esas dos estrategias de estudio con una estrategia de autoevaluación y hallaron algunos resultados bastante asombrosos, especialmente, en los niveles más altos de aprendizaje analizados en la regla 7.

Karpicke y Blunt

Estos investigadores eligieron a un grupo de ocho alumnos universitarios e hicieron que todos estudiaran un texto de ciencias conforme una de cuatro condiciones de aprendizaje. A uno de los grupos se le indicó realizar una única sesión de estudio. A un segundo grupo se le permitió realizar cuatro sesiones de estudio consecutivas (regla nº 5). A un tercer grupo se le dijo que utilizara el tiempo de estudio para crear mapas conceptuales (regla nº 6). Por último, a un cuarto grupo se le dio la misma cantidad de tiempo para estudiar, pero se le dijo que se autoevaluara (regla nº 8). A este grupo se le permitió estudiar el texto una vez más y re-

> «Regresa a la regla nº 6 y consulta el ejercicio del centavo. ¿Esta vez puedes distinguir el centavo correcto? ... Apuesto que sí».

alizar una segunda autoevaluación. Una semana más tarde, los alumnos regresaron y completaron una prueba de respuestas cortas. El tipo de preguntas incluido en este cuestionario abarcaba preguntas de nivel tanto fáctico como conceptual (recuerda la regla nº 7).

Como era de esperar, los grupos que realizaron varias sesiones de estudio, que crearon mapas conceptuales y que se autoevaluaron obtuvieron mejores resultados que el grupo que realizó una única sesión de estudio. El porcentaje de respuestas correctas en el grupo que realizó una única sesión de estudio fue de un abismal 28%. El porcentaje de respuestas correctas en el segundo y el tercer grupo (varias sesiones de estudio y mapas conceptuales) fue de menos del 50%. Ahora bien, esto representa una mejora bastante importante en el desempeño. Pero aquí es donde se vuelve interesante. El porcentaje de respuestas correctas en el grupo que se autoevaluó era de cerca del 70%.

¡Esto implica una mejora del 50% en el desempeño en el examen con respecto al segundo y al tercer grupo! Estas mejoras en el desempeño sucedieron de una sola vez, al utilizar estrategias de estudio bastante simples: autoevaluaciones. Imagínate combinar las técnicas de sesiones de estudio espaciadas, mapas conceptuales y autoevaluaciones durante un período de preparación de una semana o dos. Eso dará inicio a tu juego de las A.

La autoevaluación es un cambio radical cuando está destinada a mejorar el desempeño en las pruebas y es una de las áreas más populares de estudio en psicología cognitiva. Los metaanálisis de la información de más cien estudios demuestran una mejora sustancial en los resultados de las pruebas al utilizar esta estrategia de estudio (Adesope, Trevisan y Sundararajan, 2017). No solo enfoca el aprendizaje en las áreas que necesitan estudio adicional, sabemos que la autoevaluación vuelve a activar los circuitos del cerebro que subyacen a la memoria, fortalece las conexiones que forman estos recuerdos y mejora el aprendizaje y el desempeño en las pruebas (Bonin y De Koninck, 2015). Debes ser capaz de llegar al examen y tener una muy buena idea de cuán bien te desempeñarás. ¿Por qué? Si sigues la regla nº 8, ya te habrás evaluado a ti mismo. Si recuerdas el contenido de manera correcta en un 95%-100% durante tus múltiples sesiones de estudio, obtendrás una A. Si tu autoevaluación alcanza un 85% de contenido correcto, alcanzarás un nivel de calificación B.

Por cierto, regresa al capítulo 6 (página 42) y consulta el ejercicio del centavo. ¿Esta vez puedes distinguir el centavo correcto? Apuesto que sí. Utiliza los objetivos y los controles de aprendizaje. Estos son los cambios radicales clave para convertirte en un alumno A.

Regla Nº 9

Sé inteligente durante los exámenes

Sé inteligente durante los exámenes

Hace muchos años, visité a familiares en Minnesota. En un momento, mi prima expresó su frustración acerca de una importante prueba que se aproximaba. Se trataba del examen escrito para obtener la licencia de conducir. En la prueba de práctica para hacer en el hogar, había tenido problemas en demasiadas preguntas, lo que equivaldría a no aprobar. Yo también me frustraría. Depender de tus padres y de otras personas para que actúen como taxistas durante el resto de tu vida es un poco vergonzoso.

Le pedí que me diera el cuadernillo de la prueba de práctica. Me intrigaba saber si yo aprobaría. Nunca he realizado el examen de Minnesota, pero, al haber aprobado el examen para la licencia de mi propio estado y al haber conducido durante más de cuarenta años, me imaginé que podía alcanzar un puntaje para aprobar. Revisé la prueba de opción múltiple y, sin duda, había muchas preguntas fáciles. Había algunas más difíciles, como la distancia entre los vehículos y los límites de velocidad en determinadas carreteras. Y había algunas preguntas aún más difíciles que hacían referencia a leyes específicas del estado de Minnesota. Parecía que realmente debía estudiar para este examen.

Sin embargo, sé cómo diseñar exámenes de opción múltiple. Y, cuando lo haces, sabes cómo evitar errores comunes en los exámenes escritos. Estos tipos de errores pueden ayudar a una persona inteligente para los exámenes a obtener mejores puntajes. Te diré qué trucos debes utilizar cuando realizas una prueba a fin de reducir las opciones cuando no tengas idea de qué seleccionar. Utilicé estos principios para responder las preguntas en el examen para la licencia de conducir de Minnesota. Aprobé. Mi prima tomó una silla para que le diera una clase.

Hábitos terribles:

Las equivocaciones más habituales al realizar pruebas incluyen las siguientes:
1. no leer la pregunta con atención;
2. intentar responder a todas las preguntas en el orden
3. presentado, incluso cuando estás bloqueado;
4. cometer errores de marcado con el dispositivo de evaluación Scantron (hoja de respuestas);
5. olvidarte de mirar el reverso de la última página para ver si hay alguna pregunta del examen.

Hablando en serio sobre el último punto: el trimestre pasado un alumno no respondió a las últimas ocho preguntas en el examen final.

El cambio radical

Lo primero que debes hacer es dejar el Scantron de lado. Lo completarás después de realizar el examen. Revisa el examen y responde a todas las preguntas que puedas resolver de manera instantánea. Si alguna te demora un poco, sigue adelante. A menudo, una pregunta subsiguiente te refrescará la memoria. En ese momento, simplemente vuelve atrás y selecciona la respuesta correcta. Si efectivamente has aplicado las reglas nº 1-8 a conciencia, terminarás el examen y obtendrás una A. Ahora, transfiere las respuestas correctas con cuidado al Scantron. Muchas veces, un alumno marca la respuesta correcta en el cuadernillo de la prueba, pero tiene dificultades para transferirla al Scantron. Como profesor, ¿qué se supone que debo hacer? Todo lo que puedo saber es que cambiaste de opinión respecto de ese ítem.

Las preguntas difíciles

Supongamos que habrá situaciones donde tendrás que volver a partes anteriores del examen para abordar una de esas preguntas más difíciles. ¿Qué haces ahora? Bueno, en primer lugar, comprende por completo qué se está preguntando. Es posible que quieras reformular la pregunta.

Por lo general, lo que hago es decir: «Esta pregunta me está pidiendo que...». El próximo paso es descartar las opciones que son evidentemente incorrectas. En

la industria del diseño de exámenes, las denominamos «distractores». Nuevamente, si has hecho tu trabajo y te encuentras con un término que nunca antes habías visto, entonces, esa no es la respuesta correcta. Descártala. ¿Cuántas te quedan? ¿Dos? Bueno, eso es mejor que tres o cuatro. Simplemente piensa en esto. En una pregunta de opción múltiple de cinco ítems en la que no sabes la respuesta, tienes un 20% de probabilidades de responder correctamente. Reduce esto a tres opciones, y tus probabilidades alcanzan el 33%. Elimina un distractor más y ahora tendrás un 50% de probabilidad de responder correctamente. A continuación, doy algunos consejos adicionales que deberían ayudarte.

Respuestas largas

Al formular buenas preguntas de opción múltiple, les enseño a mis alumnos universitarios a que se aseguren de que los distractores tengan la misma longitud que las respuestas correctas. Si ves opciones que varían en longitud y no sabes la respuesta correcta, elige la más larga. Los instructores perezosos no suelen dedicar su tiempo a redactar distractores. Por lo general, son más cortos. Cumplí esta regla en el examen para la licencia de conducir de Minnesota y acerté todas estas respuestas. Esto funciona solamente si tu docente no sabe cómo formular preguntas de examen.

Cifras

También les enseño a los futuros profesores universitarios que, cuando utilicen cifras en las respuestas, hagan lo siguiente: 1) las ordenen según un nivel de claridad de bajo a alto o de alto a bajo y 2) se aseguren de que las respuestas correctas tengan las mismas probabilidades de aparecer en cualquier ubicación. Si bien es posible que los nuevos docentes pongan las cifras en orden, rara vez ubican la respuesta correcta en el primer o último lugar. Por lo tanto, en caso de que te encuentres bloqueado en este tipo de pregunta, descarta las respuestas en el primer y último lugar, y elige una del medio. Esto aumenta tus probabilidades de obtener la respuesta correcta del 20%-25% al 33%-50%. Utilicé esta estrategia en el examen para la licencia de conducir de Minnesota y acerté muchas de estas respuestas. Recuerda que esto funciona solamente si tu docente no sabe cómo formular preguntas de examen.

El mismo principio se aplica al hecho de encontrar la respuesta correcta en el conjunto de opciones. La regla estándar es que cada opción a, b, c, d y e debería contener la respuesta correcta prácticamente la misma cantidad de veces a lo largo de la prueba. Los docentes tienden a evitar colocar las respuestas correctas en el primer y último lugar. Cuando tengas dudas acerca de qué respuesta seleccionar en un examen, evita las opciones a y e (o d si hay solo cuatro opciones). De nuevo, esto funciona solamente si tu docente no sabe cómo formular preguntas de examen.

Errores ortográficos

A continuación, presento un consejo simple. Si una de las alternativas no es correcta en términos gramaticales o contiene un error ortográfico, entonces, no es la respuesta correcta. Verás, los docentes tienden a formular la pregunta de examen en primer lugar; luego, la respuesta correcta; y, más tarde, los tres o cuatro distractores. En algunas ocasiones, el instructor agota su esfuerzo y se descuida un poco al redactar estos distractores. Al revisar el examen, suele mirar solamente la respuesta correcta y, rara vez, verifica si el distractor es gramatical. Lo veo todo el tiempo, y delata ese distractor para evitarlo (¡en algunas ocasiones, encuentro alguno en mis propios exámenes!).

Cuestionarse después de responder

Los alumnos siempre me preguntan qué opino acerca de cambiar una respuesta una vez seleccionada. La regla que suelen seguir es respetar su primer instinto. Estoy de acuerdo, pero quiero agregar otra regla. Las únicas ocasiones en las que cambias tus respuestas son las siguientes: 1) sabes que otra alternativa es absolutamente correcta y 2) sabes que la opción que seleccionaste inicialmente es absolutamente incorrecta.

Ahora bien, estas reglas parecen obvias. Sin embargo, aquí es cuando los alumnos violan la regla. Comienzan a cuestionar su elección. No están seguros de si seleccionaron la respuesta correcta. O bien, piensan que otra respuesta puede ser una mejor opción. Lo que sienten es falta de confianza. Por eso cambian la respuesta. En cualquiera de los casos, han violado las dos reglas que acabo de mencionar. Si cumples esas dos reglas, es más probable que cambies una respuesta incorrecta por una correcta y evites cambiar una respuesta correcta por una incorrecta.

Admito tener algunos sentimientos encontrados acerca de revelarte parte de estos consejos para realizar exámenes. Al mismo tiempo, si los instructores diseñaran mejor los exámenes, ninguno de estos consejos se aplicaría, excepto por el primero (no te demores con una pregunta) y el último (cambiar una respuesta). Vale la pena incluir ambos en tu caja de consejos a fin de mejorar el desempeño en los exámenes.

Revisar el examen

Es posible que hayas notado cuánto puedo aprender sobre los hábitos de estudio y las habilidades de un alumno simplemente al revisar sus exámenes. Tú puedes hacer lo mismo. Piensa en esto como un control de diagnóstico para cambiar tus hábitos y estrategias al prepararte para la próxima prueba. Consulta a tu profesor para revisar tu examen punto por punto. ¿Empiezas a estudiar demasiado tarde (regla nº 5)? Eso mostrará un mejor desempeño en la primera mitad del examen, en comparación con la segunda. ¿Te equivocas en ciertas preguntas porque te falta ese contenido en las notas de las clases? Debes haberte distraído con algo en la clase ese día (regla nº 2). ¿Solamente respondes correctamente las preguntas fácticas? Entonces, estás violando la regla nº 7. ¿Pudiste reducir algunas preguntas a dos o tres opciones, pero terminaste con la respuesta incorrecta? Entonces, no te autoevaluaste lo suficientemente bien (regla nº 8).

Otro cambio radical

Tengo algo que decirles a aquellos que sufren de ansiedad por las pruebas, lo que conduce a un pésimo desempeño en los exámenes. ¡Aún hay esperanza! Un gran estudio publicado por los profesores Gerardo Ramírez y Sian Beilock (2011) de la Universidad de Chicago muestra que un simple ejercicio de diez minutos puede, de hecho, mejorar los puntajes de las pruebas en el caso de los alumnos que se «ahogan bajo presión» en las evaluaciones donde hay mucho en juego.

La idea que subyace a este enfoque es que este tipo de evaluaciones, en las cuales tienes grandes incentivos para obtener puntajes excelentes (por ejemplo, promedios generales altos, becas, oportunidades laborales) y grandes consecuencias negativas si obtienes puntajes bajos (por ejemplo, regresar a tu viejo empleo de la preparatoria, donde cocinabas hamburguesas o servías café), les causa preocupación y ansiedad a los alumnos. Las preocupaciones excesivas compiten con los recursos limitados de tu memoria de trabajo. Y la memoria de trabajo es la parte de nuestro sistema de procesamiento de la información que nos permite mantenernos enfocados y acceder a información relevante para las tareas en curso y trabajar con ella. Por lo tanto, si tu memoria de trabajo está repleta de preocupaciones excesivas sobre el desempeño en las pruebas, habrá menos recursos cognitivos dedicados a la realización de exámenes. Entonces, la pregunta es ¿cuál es la mejor manera de liberar la memoria de trabajo de esa reflexión destructiva? El proceso es un simple ejercicio de escritura expresiva de diez minutos, que se realiza justo antes del examen. La tarea: expresar tan abiertamente como sea posible tus pensamientos y sentimientos acerca de la prueba. Debido a la proximidad del examen, debe haber mucho para expresar en ese período de diez minutos.

El estudio de Ramírez y Beilock utilizó una prueba previa y una posterior, en las que los alumnos debían resolver problemas matemáticos. Sin embargo, en la segunda prueba de matemática había mucho en juego. Al alumno se le informó que un excelente puntaje en equipo, el cual ahora se encontraba completamente en sus manos, conducía a un gran premio monetario. Antes de la segunda prueba, un grupo se sentó en silencio durante diez minutos (grupo de control), mientras que el otro participó en un ejercicio de escritura expresiva de diez minutos (grupo experimental). Luego, ambos grupos realizaron la importantísima prueba posterior.

No había diferencias entre los puntajes en matemática correspondientes a la prueba previa. Sin embargo, los alumnos en el grupo de control mostraron una disminución del 12% en el desempeño. Los alumnos en el grupo de escritura expresiva mostraron un aumento del 5% en los puntajes. Ese cambio en el desempeño, de sufrir ansiedad y ahogo a superar la ansiedad por las pruebas (y no ahogarse), es una diferencia de una letra y media en la calificación. Esto es impresionante.

Un estudio de seguimiento halló el mismo patrón. Sin embargo, también mostró que la mejora más importante en los puntajes de los exámenes se observaba en los alumnos cuya escritura expresaba más pensamientos y emociones negativos.

Por lo tanto, la clave aquí es garantizar que expreses tus preocupaciones por escrito, en lugar de que escribas sobre algo no relacionado con el próximo examen.

Es asombroso en qué medida la ansiedad por las pruebas resulta perjudicial para el desempeño al realizarlas y cuán beneficioso puede ser un ejercicio de escritura expresiva para mejorar los resultados.

Por lo tanto, si sufres de los efectos debilitantes de la ansiedad por las pruebas, encuentra un lugar tranquilo en la recepción o en la biblioteca justo antes del examen y dedica diez minutos a expresar por escrito las ansiedades que te genera. Nunca se lo muestres a nadie. Quítate los miedos y las ansiedades de la cabeza y trasládalos al papel. Arrójalo a la basura en el camino al examen.

Es una manera más de entrar en tu juego de las A.

La diferencia entre **no poder** y **no querer**

Epílogo

A continuación, transcribo una conversación que oí.

Una de las alumnas del profesor Wilson se lamentaba por su bajo desempeño en clase.

—¿Podrías haberlo hecho mejor de alguna forma? —preguntó el profesor Wilson.

—No lo creo —dijo ella—, hice todo lo posible.

—¿Cuál es la clase más difícil a la que hayas asistido? —le preguntó el profesor.

—Definitivamente, el curso Cerebro y Conducta del doctor Sufka —respondió—. Sin ninguna duda.

—Sí —dijo el profesor—, esa es realmente difícil. Muchas palabras y conceptos nuevos. Sus clases parecen dictadas en otro idioma. —El profesor Wilson pensó por un momento. Luego preguntó—: ¿Cuál fue tu calificación final en la clase?

—Una D —le dijo la alumna.

—Entonces... —dijo el profesor—, ¿no había nada que pudieras haber hecho en esa clase para obtener una C?

—No —respondió—, di lo mejor de mí... y me siento afortunada de no haber obtenido una F.

Luego, el profesor Wilson preguntó:

—¿Amas a tu madre?

—¿Cómo? —preguntó la alumna, un poco desconcertada.

—A tu madre —aclaró—, ¿la amas?

—Este ... sí —dijo la alumna.

—¿Realmente la amas? —insistió.

—Por supuesto —dijo—, amo a mi madre.

—Bueno, entonces —dijo el profesor—, la he secuestrado y le estoy apuntando con un arma.

En ese momento, me incliné sobre mi escritorio para mirar dentro de la oficina del profesor Wilson. Tenía un brazo flexionado hacia el pecho como si sujetara a una persona imaginaria y le inmovilizara la cabeza, y tenía la mano libre en forma de arma con dos dedos apuntándole a la cabeza. Creí que se había vuelto loco. Estoy seguro de que la alumna pensaba algo similar.

Entonces, el profesor le dijo:

—¿Estás diciéndome que no podías hacer nada más para obtener una calificación mejor en la clase de Sufka? Si la vida de tu madre dependiera de que obtuvieras una C, ¿lo hubieses hecho?

La alumna se quedó sin palabras.

—Vamos —se burló el profesor—, ¿una calificación mejor o la vida de tu madre? ¿Qué eliges?

—Bueno —respondió la alumna—, supongo que podría haber obtenido una calificación mejor.

—¿¡Supongo!? —dijo el profesor—. La vida de tu madre depende de ello.

—Bueno —respondió—, entonces, sí, podría haberlo hecho.

—¿Qué hubieses hecho para obtener una calificación mejor? —preguntó.

—No estoy segura.

—Vamos —dijo—, aún tengo a tu mamá.

Finalmente, el profesor Wilson le insistió a la alumna hasta que logró que enumerara, entre otras cosas, asistir a todas las clases, grabarlas, dedicar más tiempo al estudio, conseguir un tutor y acudir al profesor.

• • •

Este era el punto más importante del profesor Wilson. **Existe una gran diferencia entre no poder y no querer.** La alumna en su oficina pasó de no puedo obtener una calificación mejor a no quiero hacer lo necesario para obtenerla. Esto constituye un cambio extraordinario: pasar de estar indefenso a tener el control completo de los resultados en tu vida. Mientras la alumna se retiraba de la oficina, el profesor Wilson le regaló una última frase de aliento: «¡No me hagas dispararle a tu mamá!».

Creo en mis alumnos, y se lo hago saber. Creo que eres capaz de cumplir todos los objetivos que te propongas, siempre y cuando involucres la mente, el corazón y el alma en el proceso. Dominar las habilidades de aprendizaje estratégicas y obtener calificaciones A puede ser un desafío para muchos alumnos. Sin embargo, estos objetivos son alcanzables. Confía en mí.

Y cree en ti.

¿Todos los alumnos que reciben este consejo tienen éxito en la universidad? Lamentablemente, no. ¿Por qué? Solamente puedo suponer que no quisieron hacer el esfuerzo suficiente. Imagino que había otros asuntos más importantes en sus vidas.

Sin embargo, aquellos alumnos que sí siguen mi consejo ven cambios significativos en sus calificaciones.

Recuerdo a un alumno, Brian, quien hace muchos años asistió a mi clase de Psicología General. Era alumno de primer año y acudió a mi oficina después de un desempeño bajo en el primer examen. Revisé mi lista de verificación de diagnóstico y le di la misma serie de consejos de aprendizaje estratégico que incluí en este libro. Por supuesto, obtuvo una A en la segunda prueba. Continuó obteniendo esta calificación en los siguientes tres exámenes. Al final del trimestre, justo antes de volver a su hogar debido al receso invernal, vino a darme las gracias. Debido a que no recordaba nuestra conversación sobre los consejos de aprendizaje estratégico ocurrida meses antes, le pregunté: «¿Por qué?».

Dijo que cambié por completo la manera en que se preparaba para las clases y los exámenes. Agregó que ese trimestre había obtenido un promedio general de 4.0.

Aplicó lo que había aprendido a cada uno de los cursos. Eso me dio motivos para sonreír.

Después de otro semestre, Brian visitó mi oficina nuevamente. Lo recordaba del semestre anterior; quería volver a agradecerme porque había tenido otro semestre de excelentes calificaciones. Como si esto fuera poco, me dijo que ahora tenía mucho más tiempo libre para disfrutar. Había dejado de desperdiciar el tiempo estudiando de maneras ineficientes.

Vi a Brian algunos años después. Estaba sentado en un anfiteatro donde yo debía dar una presentación. El tema era «Cómo ayudar a que los alumnos se conviertan en aprendices estratégicos». La presentación estaba dirigida a ciento cincuenta alumnos de posgrado, quienes habían sido designados para dictar cursos universitarios. En la mitad de la presentación, miré a Brian e intercambiamos una sonrisa. Le ha ido bien.

Anímate a seguir este consejo, te aseguro que también lo lograrás. Buena suerte.

Referencias

Adesope, O. O., D. A. Trevisan y N. Sundararajan (2017), «Rethinking the use of tests: A meta-analysis of practice testing» (Volver a pensar el uso de las pruebas: Un metaanálisis de las pruebas de práctica), *Review of Educational Research* (Revisión de la Investigación Educativa), vol. 87, pp. 659-701.

Bargh, J. A. y. Schul (1980), «On the cognitive benefits of teaching» (Sobre los beneficios cognitivos de la enseñanza), *Journal of Educational Psychology* (Revista de Psicología Educativa), vol. 72, pp. 593-604.

Benedict, M. y J. Hoag (2004), «Seating location in large lectures: Is location related to performance?» (Ubicación de los asientos en clases grandes: ¿La ubicación se relaciona con el desempeño?), *Journal of Economics Education* (Revista de Educación Económica), vol. 35, pp. 215-231.

Berry J. W. y S. L. Chew (2008), «Improving learning through interventions of student-generated questions and concept maps» (Cómo mejorar el aprendizaje a través de las intervenciones de preguntas y mapas conceptuales generados por el alumno), *Teaching of Psychology* (Enseñanza de la Psicología), vol. 35, pp. 305-312.

Bloom, B. S. (1956), *Taxonomy of educational objectives: The classification of educational goals* (Taxonomía de los objetivos educativos: La clasificación de las metas educativas), Nueva York, Longman, Green.

Bloom, B., B. Mesia y D. Krathwohl (1964), *Taxonomy of Educational Objectives (The Affective Domain and The Cognitive Domain)* (Taxonomía de los objetivos educativos [El dominio afectivo y el dominio cognitivo]), Nueva York, David McKay.

Bonin, R. P. y. De Koninck (2015), «Reconsolidation and the regulation of plasticity: Moving beyond memory» (Reconsolidación y regulación de la plasticidad: Ir más allá de la memoria), *Trends in Neuroscience* (Tendencias en Neurociencia), vol. 38, pp. 336-344.

Chan, J. C. K., K. B. McDermott y H. L. Roediger III (2006), «Retrieval-induced facilitation: Initially nontested material can benefit from prior testing of related material» (Agilización inducida por la recuperación: El contenido no evaluado inicialmente puede beneficiarse de pruebas anteriores del contenido relacionado), *Journal of Experimental Psychology: General* (Revista de Psicología Experimental: General), vol. 135, pp. 553-571.

Dietz-Uhler, B. y J. R. Lanter, (2009), «Using the four-question technique to enhance learning» (Cómo utilizar la técnica de cuatro preguntas para mejorar el aprendizaje), *Teaching of Psychology* (Enseñanza de la Psicología), vol. 36, pp. 38-41.

Donovan, J. J. y D. J. Radosevich (1999), «A meta-analytic review of the distribution of practice effect: Now you see it, now you don't» (Una revisión metaanalítica de la distribución del efecto práctico: Ahora lo ves, ahora no), *Journal of Applied Psychology* (Revista de Psicología Aplicada), vol. 84, pp. 795-805.

Dunlosky, J., K. A. Rawson, E. J. Marsh, M. J. Nathan y D. T. Willingham (2013), «Improving students' learning with effective learning techniques: Promising directions from cognitive and educational psychology» (Cómo mejorar el aprendizaje de los alumnos con técnicas de aprendizaje eficaces: Instrucciones prometedoras de la psicología cognitiva y educativa), *Psychological Science in the Public Interest* (Ciencia Psicológica Aplicada al Interés Público), vol. 14, pp. 4-58.

Gingerich A. C. y T. T. Lineweaver (2014), «OMG! Texting in class = U fail :(empirical evidence that text messaging during class disrupts comprehension» (¡Dios mío! Mandar mensajes de texto en clase = desaprobado :(Evidencia empírica de que mandar mensajes de texto durante las clases perjudica la comprensión), *Teaching of Psychology* (Enseñanza de la Psicología), vol. 41, pp. 44-51.

Karpicke, J. D. y J. R. Blunt (2011), «Retrieval practice produces more learning than elaborative studying with concept mapping» (La práctica de recuperación produce más aprendizaje que estudiar de manera constructiva con mapas conceptuales), *Science* (Ciencia), vol. 331, pp. 772-775.

Karpicke, J. D. y H. L. Roediger III (2008), «The critical importance of retrieval for learning» (La gran importancia de la recuperación para el aprendizaje), *Science* (Ciencia), vol. 319, pp. 966-968.

Marshall, P. D. y M. Losonczy-Marshall (2010), «Classroom ecology: Relations between seating location, performance and attendance» (Ecología en el aula: Relaciones entre la ubicación de los asientos, el desempeño y la asistencia), *Psychological Reports* (Informes de Psicología), vol. 107, pp. 557-577.

Mueller, P. A. y D. M. Oppenheimer (2014), «The pen is mightier than the keyboard: Advantages of longhand over laptop note taking» (La pluma es más poderosa que la pizarra: Ventajas de la toma de notas a mano, en comparación con la toma de notas en computadora portátil), *Psychological Science* (Ciencia Psicológica), vol. 25, pp. 1159-1168.

Nesbit, J. C. y O. O. Adesope (2006), «Learning with concept and knowledge maps: A meta-analysis» (Cómo aprender a través de mapas conceptuales y de conocimiento: Un metaanálisis), *Review of Educational Research* (Revisión de la Investigación Educativa), vol. 76, pp. 413-448.

Ramirez, G. y S. L. Beilock (2011), «Writing about testing worries boosts exam performance in the classroom» (Escribir sobre las preocupaciones por las pruebas mejora el desempeño en los exámenes en el aula), *Science* (Ciencia), vol. 331, pp. 211-213.

Williamson, E. G (1935), «The relationship of number of hours of study to scholarship» (La relación entre la cantidad de horas de estudio y la erudición), *Journal of Educational Psychology* (Revista de Psicología Educativa), vol. 26(9), pp. 682-688.

Agradecimientos

Agradezco a la Universidad de Misisipi por brindarme la oportunidad de períodos sabáticos a fin de escribir ambas ediciones de *El juego de las A*. Muchas gracias a mis alumnos por acudir a mí en busca de ayuda y confiar en mis consejos para dominar el contenido del curso. Sin estas conversaciones, esta guía de estudio nunca hubiese cobrado vida. Estoy agradecido por las numerosas conversaciones con el profesor Kelly Wilson, mi amigo y colega, quien comparte mi pasión por enseñar y asesorar. Muchas gracias a mi editor, Neil White, por brindarle claridad y coherencia a mi escritura, y al equipo completo de Nautilus Publishing por su apoyo para promover el éxito académico de los alumnos. Finalmente, quiero agradecer a toda mi familia por su amor y apoyo.

Acerca del autor

El doctor Kenneth Sufka se sumó al cuerpo docente de la Universidad de Misisipi en 1992, después de obtener un doctorado en Psicología en la Universidad Estatal de Iowa. Es profesor de Psicología y colabora con Farmacología, Filosofía y el Instituto de Investigación de Ciencias Farmacéuticas. Es un autor exitoso y un orador solicitado por colegios y universidades de todo los Estados Unidos en lo que respecta al éxito académico de los alumnos basado en evidencias.

Sus intereses en investigaciones de laboratorio abarcan un rango de temas relacionados con la neurociencia, la farmacología y la filosofía de la mente. Ha publicado más de ochenta artículos y capítulos de investigación en estas áreas. Su especialización principal es el desarrollo, la validación y la utilización de los modelos y procedimientos animales a fin de mejorar la relevancia traslacional en el descubrimiento de fármacos, con un enfoque en el dolor crónico y la analgesia y los trastornos relacionados con el estrés.

El doctor Sufka habitualmente dicta los cursos de Psicología General y Cerebro y Conducta, entre otros. Ha recibido una gran cantidad de reconocimientos durante su carrera profesional en Ole Miss, incluido el Elsie M. Hood Outstanding Teaching Award (Premio a la Enseñanza Sobresaliente Elsie M. Hood) de la Universidad de Misisipi en 1996, el Faculty Achievement Award for Outstanding Teaching and Scholarship (Premio al Logro Docente por la Enseñanza y Erudición Sobresaliente) de la Universidad de Misisipi en 2005 y el Thomas F. Frist Student Service (Premio al Servicio para Alumnos Thomas F. Frist) en 2006.

Asimismo, ha recibido una Mención Presidencial de la Asociación Estadounidense de Psicología debido a sus aportes a nivel nacional en la reforma curricular universitaria y el Alumni Achievement Award (Premio al Mérito de Exalumnos) del Departamento de Psicología de la Universidad Estatal de Iowa gracias a sus excepcionales aportes a la enseñanza y a los servicios prestados a la profesión y la comunidad. En 2014, recibió un prestigioso reconocimiento a la enseñanza a nivel nacional al ser nombrado el Profesor del Año por la Academia Carnegie para la Educación Científica de Misisipi.

En su tiempo libre, el doctor Sufka disfruta de diseñar y construir muebles en su taller de carpintería, y de realizar viajes por todo el país en sus motocicletas Harley-Davidson y BMW.

www.ingramcontent.com/pod-product-compliance
Lightning Source LLC
Chambersburg PA
CBHW022108040426
42451CB00007B/181